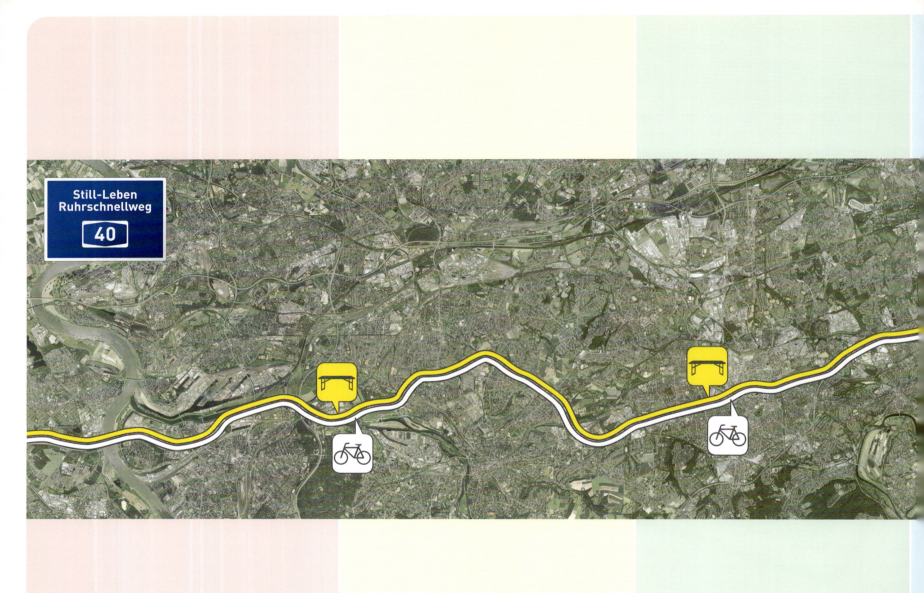

Still-Leben
Ruhrschnellweg
40

Duisburg

Mülheim – Oberhausen

Essen

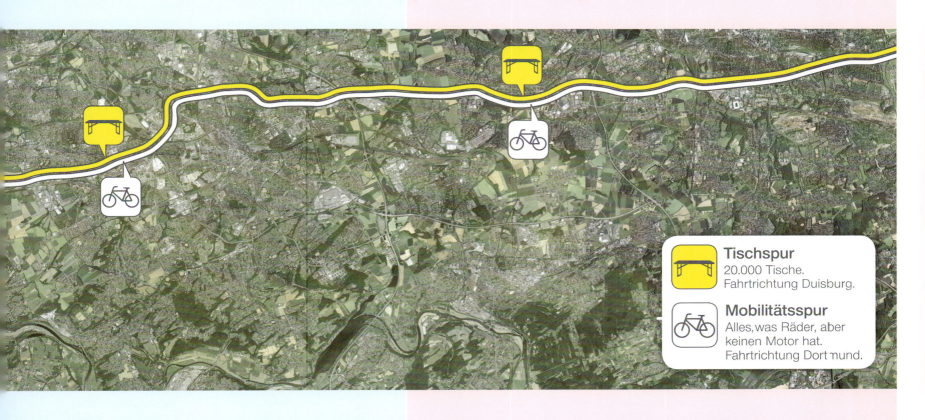

Tischspur
20.000 Tische.
Fahrtrichtung Duisburg.

Mobilitätsspur
Alles, was Räder, aber
keinen Motor hat.
Fahrtrichtung Dortmund.

www.ruhr2010.de/still-leben

enkirchen – Bochum

Dortmund

INHALT

Fritz Pleitgen

Ein Tag wie noch nie!

Ältere Mitbürger haben manchmal wunderliche Einfälle

Die Reaktion war verhalten. In unserer Programmkonferenz hatte ich vorgeschlagen, die gesamte Bevölkerung des Ruhrgebiets in der Mitte des Kulturhauptstadtjahres zu einem Fest einzuladen. „Wie soll das gehen?" In der Frage schwang leiser Zweifel an meinem Verstand mit. „Wir sperren die A 40 und stellen zwischen Duisburg und Dortmund einen Tisch auf", skizzierte ich kurz die Idee, die bei einem Abendessen mit Jürgen Flimm entstanden war. „Das sind gut 60 Kilometer. Schwer zu machen!", kam der berechtigte Einwand. Wir beschlossen, das Thema erst einmal zu vertagen. Es war April 2007. Bis zum Start der Kulturhauptstadt war noch etwas Zeit.

Unseren Programmkoordinator Jürgen Fischer ließ die Sache indes nicht ruhen. Schon wenige Tage später kam er darauf zurück. Als unverzichtbare Partner müssten die Städte entlang der A 40 zwischen Duisburg und Dortmund angesprochen werden, jeweils mit ihren Polizei- und Rettungsdienststellen, ließ er mich wissen. Ebenso seien das für die A 40 zuständige Unternehmen Straßen.NRW und das Verkehrsministerium des Landes zu gewinnen. Unbedingt erforderlich sei überdies die Unterstützung durch das Technische Hilfswerk und ein starkes Logistik-Unternehmen. Was unser Koordinator aufzählte, leuchtete mir ein. „Wenn es Ihnen gelingt, die genannten Kadetten für unser Vorhaben zu interessieren, dann wäre das ein Anfang."

Zu Jürgen Fischer kann man einfach nur Vertrauen haben. Er kennt wie kein anderer das Ruhrgebiet, vor allem die Mentalität seiner Bewohner. Als Theaterdramaturg mit 30-jähriger Erfahrung an vielen Häusern weiß er Stoffe zu vermitteln und Stimmungen der Bevölkerung aufzunehmen, Sorgen wie Freuden. Seine Glaubwürdigkeit trug wesentlich dazu bei, dass wir einen Alliierten nach dem anderen für das Projekt auf der A 40 gewinnen konnten.

Jürgen Fischer schaffte es in kurzer Zeit, zu einem ersten Treffen einzuladen. Alle kamen. Viel Polizei und Feuerwehr darunter. Angesichts der großen Expertenzahl dämmerte uns, dass wir dabei waren, ein gewaltiges Rad zu drehen. Unser Sitzungssaal war bis auf den letzten Platz besetzt, als ich unsere Vorstellungen ausbreitete. „Wir wollen die Menschen der Metropole Ruhr an einen Tisch bringen. Sie sollen nicht nur Beobachter, sondern auch Akteure der Kulturhauptstadt sein. Jeder und jede soll seine oder ihre Vorstellung von Kunst und Kultur mitbringen. Man kann singen, tanzen, ein Instrument spielen, malen, Theater oder Kabarett spielen. Dies soll quer durch das Ruhrgebiet eine Tafel der Kulturen, Nationalitä-ten und Generationen werden." Ich kam mir vor wie ein amerikanischer Fernsehprediger, als ich unsere Vision vortrug. Am Schluss meiner Ausführungen hätte ich am liebsten noch „Amen" gesagt. Aber es ging auch ohne biblische Schlussformel. Beifall brandete zwar nicht auf. Aber einige nickten zustimmend. Die anderen schauten mich mit Nachsicht an. „Ältere Mitbürger haben manchmal wunderliche Einfälle", drückten ihre Mienen aus.

Wie die Landesregierung das Projekt sehe, wurde ich gefragt. „Positiv!", konnte ich berichten. Der damalige Ministerpräsident Jürgen Rüttgers und sein Verkehrsminister Oliver Wittke hatten gleich ihre Unterstützung zugesagt, als ich sie darauf angesprochen hatte. Aber war eine so komplexe und umfangreiche Unternehmung trotz des politischen Segens zu verwirklichen? fragten sich die Anwesenden. Ein solches Ding hatte es noch nicht gegeben. Die A 40 war schließlich keine Nebenstrecke, sondern die Hauptschlagader des Ruhrgebiets.

Die Experten wollten uns nicht den Schneid abkaufen, aber den Blick auf die Probleme konnten sie uns nicht ersparen. Wenigstens zwei Tage seien für die Vorbereitung der Sperrung nötig und danach ebenfalls zwei Tage für die Wiederherstellung sicherer Verkehrsverhältnisse. Zusammen mit dem Fest auf der A 40 wäre bei dieser Berechnung die Autobahn für fünf Tage außer Gefecht gewesen. Eine solche Blockade hätte die Bevölkerung bei aller Liebe für Extravaganzen der Kulturhauptstadt nicht mitgemacht. Es musste in anderthalb Tagen gehen, sonst konnten wir die Sache vergessen. „Ein Ding der Unmöglichkeit", sagten die Experten. „Aber wir wollen es schaffen." Das war ein Wort. Wir von RUHR.2010 waren erleichtert.

Um die öffentliche Meinung zu testen, brachten wir das Projekt gegenüber der Presse ins Gespräch. Die Reaktionen fielen kontrovers aus. Die einen sprachen von einer tollen Idee, die anderen von einer unsinnigen Kaffeetafel. Aber die Mehrheit der Menschen war eindeutig für das Vorhaben. Das stärkte uns das Kreuz. Vielleicht wird die Aktion auf der A 40 der emotionale Gründungsmoment der Metropole Ruhr, war unsere Hoffnung. Ein Titel war auch schon da. Melanie Kemner aus unserer Marketing-Abteilung hatte ihn aus dem Hut gezaubert. „Still-Leben" sollten wir die Aktion auf der A 40 nennen, meinte sie in einer Sitzung beiläufig. Wir haben ihren Vorschlag sofort gekauft.

Die öffentliche Diskussion hatte die Agentur TAS mit ihrem Chef Thomas Siepmann auf den Plan gebracht. Sie legte für die Vorbereitung und Durchführung der Operation „Still-Leben Ruhrschnellweg" ein Konzept vor, das uns auf Anhieb zusagte. Zur Unterstützung ihrer Überlegungen steuerten die TAS-Leute eine Bild-Animation bei. Heute ähnelt sie auf verblüffende Weise den Fotos, die drei Jahre später auf der gesperrten und mit einer schier endlosen Tischreihe bestückten A 40 gemacht wurden.

Die Angelegenheit nahm Fahrt auf. Bei der nächsten Sitzung reichten unsere Räumlichkeiten nicht mehr aus. Wir mussten zum Regionalverband Ruhr ausweichen. Der Termin für die Aktion „Still-Leben Ruhrschnell-

weg" wurde festgelegt. Es sollte der 18. Juli 2010 sein, der Sonntag nach dem Endspiel der Fußball-Weltmeisterschaft. „Wir wollen nicht die WM in den Schatten stellen", gaben wir uns großmütig. Beide Fahrbahnen wollten wir nutzen. Die eine für die Tische, die andere als Mobilitätsspur – diesen Begriff habe ich auf dieser Sitzung kennengelernt – für alles, was Räder aber keinen Motor hat. Und noch eine grundsätzliche Entscheidung wurde gefällt: Größen aus Sport und Gesellschaft sollten nicht eingeladen werden. Die Stars sollten die Bürgerinnen und Bürger sein.

Was uns dringend fehlte, war ein Verkehrsgutachten. Viele Fragen waren zu beantworten. Wie sind die 150.000 Autos umzuleiten, die normalerweise am Tag über die A 40 brausen? Gut, der 18. Juli 2010 wird ein Sonntag sein. Da wird es ein paar Autos weniger auf der Strecke geben. Aber ausgerechnet an diesem Wochenende beginnen in Nordrhein-Westfalen die Sommerferien, sagte uns der Kalender. Das könnte uns Ärger bescheren. Mit einigem Recht! Wer macht auf dem Weg in den Urlaub gerne zeitraubende Umwege?

Doch nicht nur für den Verkehr waren Antworten zu finden. Die Autobahn ist kein Versammlungsort. Wie ist es um die Sicherheit der Besucher bestellt? Zum Beispiel auf Brücken. Es werden sicher nicht wenige Menschen kommen. Wie viel Andrang können die Zu- und Abfahrten, wie viele Besucher kann die Autobahn selbst verkraften? Fragen über Fragen, die sorgfältige Untersuchungen eines erfahrenen Instituts erforderten. Aber wer gibt eine solche Studie in Auftrag und wer bezahlt dafür? Von 300.000 Euro war die Rede, die in unserer leeren Kasse beim besten Willen nicht zu finden waren.

Das Sommerfest des Landes Nordrhein-Westfalen in Brüssel brachte die Lösung des Problems. Ministerpräsident Rüttgers bot mir

die Gelegenheit, vor den Gästen, darunter das gesamte Kabinett, für die Kulturhauptstadt Europas RUHR.2010 zu werben. Größten Anklang fand die Aktion „Still-Leben Ruhrschnellweg". Am meisten bei Minister Wittke. Was lag da näher, als ihn gleich auf das Verkehrsgutachten anzusprechen! Er zierte sich nicht lange, zumal ihm auch die damalige Landtagspräsidentin van Dinther engagiert zuredete. Für das Verkehrsgutachten war gesorgt.

Derweil ging Jürgen Fischer daran, beharrlich Schwierigkeit auf Schwierigkeit aus dem Weg zu schaffen. 57 Sitzungen sollten es am Ende werden, die über die Distanz von drei Jahren mit den Fachleuten aller Bereiche absolviert wurden. Jeder Stein wurde dabei dreimal umgedreht, um alle denkbaren Überraschungen unangenehmer Art von vornherein auszuschalten. Da Jürgen Fischer insgesamt 300 Projekte der Kulturhauptstadt zu koordinieren hatte, wollte er sich auf die programmliche Ausgestaltung von „Still-Leben" konzentrieren. Er übergab deshalb die Steuerung des Projekts Ralph Kindel, der bei RUHR.2010 für die Organisation von Großveranstaltungen zuständig war. Als Magister der Kommunikationswissenschaft wusste er Verbindungen herzustellen. Was er organisatorisch draufhatte, war mir vom großen Fest „60 Jahre Nordrhein-Westfalen" in bester Erinnerung.

Eine denkwürdige Begegnung im Reichstag

Vom Technischen Hilfswerk habe ich eine hohe Meinung. Als Fernsehreporter hatte ich Anfang der 90er-Jahre mit einem Bericht über eine Krebskinderklinik im russischen Perm am Ural, die sich in einem elenden Zustand befand, eine Spendenaktion ausgelöst, die einen unerwartet hohen Betrag einbrachte. Mit dem eingesammelten Geld konnten wir unter der Aufsicht des THW eine neue, modern ausgerüstete Krebskinderklinik bauen. Das Projekt kann als historisch bezeichnet werden. Dank der strikten und sachkundigen Bauleitung durch das THW wurde das Krankenhaus vorfristig in Betrieb genommen, wobei der Kostenplan sogar unterschritten wurde. Einen solchen Fall hat es in der tausendjährigen deutsch-russischen Geschichte höchst selten gegeben. Bei einem Projekt dieser Größenordnung vermutlich überhaupt nicht!

„Ein Kerl wie ein Baum", war mein Eindruck, als ich Bernd Springer kennenlernte. Er ist Fachmann für Hygienefragen und seit über 30 Jahren ehrenamtlich für das Technische Hilfswerk tätig. Standort Bochum, Kreis- und Ortsbeauftragter. An Erfahrung mit Großeinsätzen fehlt es ihm nicht; im In- und Ausland, darunter – welch angenehme Überraschung! – auch in Perm. In Sachen A 40 fungierte Bernd Springer als Chefkoordinator für das THW. Eine Person dieser Erfahrung war auch nötig, denn die Operation forderte enorm viel Abstimmung. Das Technische Hilfswerk sollte für den Auf- und Abbau der über 20.000 Tische und 40.000 Bänke sorgen, und zwar in wenigen Stunden auf einer Strecke von 60 Kilometern. Das ging nur mit einer engagierten und disziplinierten Mannschaft.

„Wie viele Helfer werden Sie für diese Aufgabe benötigen?" fragte ich. „Gut dreitausend!" kam postwendend die Antwort. „Haben Sie so viele Helfer in Bereitschaft?" setzte ich nach. „Wir müssen schon über das Ruhrgebiet hinausgehen. Aber das kriegen wir hin", hörte ich zu meiner Beruhigung. Bernd Springer konnte auf Rückendeckung bauen. Den Vizepräsidenten des THW Deutschland, Rainer Schwierczinski, und den Landesbeauftragten des THW Nordrhein-Westfalen, Hans-Ingo

Schliwienski, warf ich wegen ihrer Namensähnlichkeit häufig durcheinander. In der Sache aber gab es bei dem polnischen Duo, wie sich die beiden wegen ihrer für das Ruhrgebiet typischen Namen selbstironisch nannten, keine Unklarheit. Schwierczinski und Schliwienski sahen in dem Auftritt auf der A 40 eine attraktive Werbemöglichkeit für das Technische Hilfswerk.

Wir sahen das genauso und strebten deshalb guten Mutes ein „kostenneutrales" Engagement des THW an. Wir hatten die Rechnung ohne den Wirt gemacht. Und der hieß Wolfgang Schäuble, seinerzeit Bundesminister des Inneren und für die Finanzausstattung des Technischen Hilfswerks verantwortlich. Zweimal richtete ich an ihn herzerweichende Briefe, in denen ich ihm nicht nur die Weichen stellende Rolle der Kulturhauptstadt Europas RUHR.2010 für das Ruhrgebiet und ganz Deutschland beschrieb, sondern auch den dramatischen Imagegewinn ausmalte, den das THW durch seinen Einsatz auf der A 40 erzielen würde. Aber alle Formulierungskunst half nicht. Ich erhielt zwei knochentrockene Absagen. Zum Schutze des Not leidenden Bundeshaushalts müsse auf Bezahlung zu Marktpreisen bestanden werden, beschied mich der Minister und wünschte unserer Aktion viel Glück. Immerhin! Allerdings, das Unternehmen „Still-Leben Ruhrschnellweg" hätte gar nicht gestartet werden können, wenn wir für die Leistungen der THW-Helfer Marktpreise hätten zahlen müssen. In unserer Kasse herrschte nach wie vor stabile Ebbe.

Aber immer wenn du meinst, es geht nicht mehr, kommt von irgendwo ein Lammert her, hieß es bei RUHR.2010.

Mit seiner positiven Einstellung zum Ruhrgebiet und zur Kulturhauptstadt hatte sich Norbert Lammert aus Bochum, Präsident des Deutschen Bundestages, in seiner Eigenschaft als

Mitglied unseres Aufsichtsrates wiederholt als Segen für unser Programm erwiesen. So auch in dieser Stunde der Not! Er vermittelte uns ein Gespräch mit dem Bundestagsabgeordneten des Wahlkreises Calw-Freudenstadt, Hans-Joachim Fuchtel, der als Präsident der THW-Bundesvereinigung vorstand.

Die denkwürdige Begegnung fand im Reichstag zu Berlin statt. Zu welchen Streichen ein Politiker aus Schwaben fähig ist, ließ uns Hans-Joachim Fuchtel gleich zu Beginn unseres Treffens wissen. Als Bundeskanzler habe Helmut Kohl die Wirtschaftsbeziehungen zu den Emiraten beleben wollen und ihn beauftragt, arabischen Scheichs bei einem Deutschland-Besuch ein attraktives Programm zu bieten. Deshalb habe er ein Kamelrennen auf der Pferderennbahn in Berlin-Hoppegarten organisiert. Um der Veranstaltung die notwendige Werbewirksamkeit zu verleihen, habe er die Kamele für die Presse durch das Brandenburger Tor spazieren lassen, was für allerhand Aufmerksamkeit gesorgt habe. Die Scheichs hätten sich begeistert gezeigt, die Tierschützer hingegen weniger. Auf alle Fälle sei der wirtschaftspolitische Erfolg durchschlagend gewesen. Die Feststellung machte uns Hoffnung, was unsere Angelegenheit anging.

Unser gutes Gefühl sollte uns nicht trügen. Der Kurzsichtigkeit des Innenministeriums, durch Geldforderungen zum Scheitern des Projekts „Still-Leben Ruhrschnellweg" beizutragen, setzte der Abgeordnete Fuchtel den Weitblick eines Strategen entgegen. „Wir brauchen Nachwuchs für das Technische Hilfswerk. Die massenwirksame Aktion auf der A 40 ist bestens geeignet, junge Leute, insbesondere mit Migrationshintergrund, für das THW zu gewinnen. Für diese Chance sollte vom Veranstalter kein Geld verlangt werden", dozierte er. Dieser Feststellung, die einem hohen sechsstelligen Betrag gleichkam, mochten Jürgen Fischer und ich nicht widersprechen. Ein Fotograf wartete bereits. Die historische Begegnung wurde im Bild festgehalten. Mit der Erkenntnis „Mission erfüllt" konnten wir Berlin verlassen.

Wie schaffen wir nun ein 60 Kilometer langes Tisch-Ensemble auf die Autobahn? Alltäglich war diese Aufgabe nicht. Deshalb kam dafür nur ein wirklich großes Logistik-Unternehmen in Frage. Zum Glück hatte die Deutsche Bahn-Tochter namens Schenker sehr früh Interesse gezeigt, sich dieser Herausforderung zu stellen. Es fügte sich, dass wir zur gleichen Zeit die Deutsche Bahn als Hauptsponsor für die Kulturhauptstadt gewinnen wollten. So kamen wir zielstrebig zu einem doppelten Erfolg. Neben einem stattlichen Bar-Betrag brachte die DB als Sachleistung ihrer Tochter Schenker die aufwändigen Transporte der Tische und Bänke ein, was wir sonst unter Freunden mit 800.000 Euro hätten bezahlen müssen. Als Projekt-Manager rückte von der Schenker-Seite mit Udo Beyer, Prokurist und Leiter der Messeabteilung Standort Essen, ein erfahrener Logistiker in das Vorbereitungsteam ein. Da er schon vorher die Beratungen mitgemacht hatte, war er über den Fortgang der Dinge bestens im Bilde.

Große Krise, neue Hoffnungen

Wir gewannen den Eindruck, allmählich festen Boden unter den Füßen zu haben. Doch plötzlich geriet alles ins Wanken. Die internationale Finanzkrise traf auch uns mit voller Wucht. Firmen, die wir als Sponsoren fest ins Auge gefasst hatten, sahen sich nicht in der Lage, irgendwelche Zusagen an uns zu machen. Wir mussten daraufhin der Öffentlichkeit mitteilen, dass möglicherweise sechs Großprojekte nicht zu verwirklichen seien, darunter auch „Still-Leben Ruhrschnellweg".

Jürgen Fischer war entsetzt. „Wenn die Aktion auf der A 40 kippt, brauche ich mich im Ruhrgebiet nicht mehr blicken zu lassen", jubelte er mir seinen Frust unter. Ich verstand ihn gut. Er hatte die Verantwortlichen in den Städten, in den Behörden und Firmen ständig animiert, alles zum Gelingen des Projekts zu unternehmen. Bei seinen vielen Reisen und Vorträgen durch die Städte des Ruhrgebiets hatte er die Bevölkerung für „Still-Leben" in Stimmung gebracht. Und nun sollte das alles ein Muster ohne Wert gewesen sein. Andererseits musste ich als Kapitän mit gutem Beispiel vorangehen, wenn es ans Einsparen ging. Ich konnte und wollte nicht das Projekt, das mit meinem Namen verbunden war, zu Lasten der anderen gefährdeten Vorhaben durchdrücken. Unser schreckliches Controller-Duo, Ronald Seeliger und Lukas Crepaz, hatte ausgerechnet, dass wir auf sechs Millionen Euro Kosten sitzen blieben, wenn die Sponsoren ausfielen.

Mein Kollege in der Geschäftsleitung, Oliver Scheytt, setzte alles daran, „Still-Leben Ruhrschnellweg" zu retten. Er plädierte für ein Moratorium, um übereilte Entscheidungen zu vermeiden. Am entschlossensten trat zu unserer Überraschung der damalige Vorsitzende unseres Arbeitsausschusses, Hans-Heinrich Grosse-Brockhoff, auf. Als Kulturstaatssekretär eigentlich mehr den feinen und schönen Künsten zugetan, erklärte er „Still-Leben Ruhrschnellweg" zum unverzichtbaren Programmpunkt der Kulturhauptstadt Europas RUHR.2010. „Na schön!", dachte ich. „Dann machen wir weiter."

Die Horizonte hellten sich allmählich auf. Es schien nicht mehr unmöglich zu sein, Sponsoren für die Aktion auf der A 40 zu finden. Im Wettbewerb mit 14 anderen Unternehmen hatte sich TAS mit klarem Vorsprung, was das Verhältnis Preis zu Leistung anging, als Leitagentur für das Projekt durchgesetzt.

Tausend Rädchen mussten ineinandergreifen, wenn das Kulturfest auf der Autobahn gelingen sollte. Unter der Stabsführung von Ralph Kindel arbeitete TAS die Pläne aus. Gleichzeitig machte sich die Agentur auf die Suche nach Sponsoren. Das mühselige, an Enttäuschungen reiche Geschäft wurde von Erfolg gekrönt.

Zunächst wurde EDEKA Rhein-Ruhr gewonnen, womit die Versorgung mit Getränken und Essen auf der gesamten Strecke gesichert war. Kein leichtes Unterfangen, denn es gab keinen Anschluss an Wasser-, Strom- oder Abwasserleitungen. EDEKA hatte für das Problem eine saubere Lösung parat. Über die 60 Kilometer zwischen Dortmund und Duisburg sollten großräumige Kühl-LKWs eingesetzt werden. Einen satten sechsstelligen Betrag sowie erhebliche Personal- und Sachkosten war der Gruppe das Engagement für die Kulturhauptstadt wert. Daraus sollte ein starker Auftritt werden. Alle Artikel, ob Getränke oder Essen, wurden zu Freundschaftspreisen angeboten. „Dies wird die preisgünstigste Großveranstaltung in der Geschichte des vereinten Deutschlands sein", frohlockte Ralph Kindel.

Noch war eine entscheidende Frage nicht beantwortet. Wie kommen wir an Tische für eine Strecke von 60 Kilometer? Anfangs hatten wir auf Brauereien gesetzt, die uns mit Biertisch-Garnituren versorgen sollten. Aber so viele Tische waren in ganz Deutschland nicht vorrätig. Abgesehen davon hatten die Brauereien ihren eigenen Bedarf zu decken. Blieben als Lieferanten nur noch die Baumärkte. Und da verschaffte uns TAS einen wertvollen Kontakt zu einem Unternehmen, das beste Voraussetzungen für das Abenteuer A 40 mitbrachte: cleveres Management, gute Kenntnisse der Örtlichkeit und einen traditionsreichen Namen: HELLWEG. Das passte perfekt. Hellweg, so ist die heutige A 40 über Jahrhunderte als Handelsverbindung zwischen dem belgischen

Brügge und dem russischen Nowgorod genannt worden.

Wir wurden uns schnell einig. Die in Fernost produzierten Tische und Bänke sollten auf dem Seeweg herantransportiert werden. „Möglichst frühzeitig!", war meine Bitte. Mich plagte die Sorge, dass unsere Fracht am Horn von Afrika von Piraten gekapert werden könnte. Im Ernstfall sollte – so mein Kalkül – noch genügend Zeit bleiben, um Nachschub heranzuschaffen. Aber alles ging gut. Die Piraten ahnten offensichtlich nicht, welch exotische Beute ihnen mit den Biertischgarnituren für die A 40 durch die Lappen ging. Uns war es recht. So konnten die 20.000 Tische und 40.000 Bänke bereits drei Monate vor dem Start in der Nähe der A 40 zwischengelagert werden.

Das Risiko zwischen HELLWEG und uns war fair verteilt. Wir beteiligten uns in gleicher Höhe an den Kosten von einer Million Euro. Die Refinanzierung sollte über den Verkauf der Tische erfolgen. Rund 50 Euro pro Garnitur. Als Anreiz sollte jeder Tisch und jede Bank mit der Aufschrift „Die längste Tafel der Welt" ausgezeichnet werden. Nun kam es darauf an, dass die Aktion funktionierte, sonst würden wir gemeinsam auf riesigen Beständen von Tischen und Bänken samt Lagerkosten sitzen bleiben. Aber von dieser Aussicht ließen wir uns ebenso wenig ankränkeln wie unsere Partner. Voller Optimismus machten HELLWEG und EDEKA bei ihren großen Kundschaften tüchtig Reklame für das Projekt A 40, natürlich im eigenen Interesse, aber auch zum Vorteil der Kulturhauptstadt.

Man lernt nie aus. Ich muss gestehen, dass ich von einem Kreuz-Urinal noch nichts gehört hatte. Ralph Kindel gab sich die Mühe, mich aufzuklären. Bei solchen Gelegenheiten bekommt seine Stimme einen leicht professoralen Grundton, in dem Nachsicht mit der Unwissenheit des Fragestellers mitschwingt.

„Ein Kreuz-Urinal ähnelt einem Tintenfass," leitete unser Groß-Organisator seine Erklärung ein. An dieser Stelle muss ich jetzt einhaken. Als ich dieser besonderen Erfindung der Menschheit später ansichtig wurde, reichte meine Fantasie nicht aus, eine Ähnlichkeit mit einem Tintenfass festzustellen. Nun gut!

Um Wasser zu lassen, begeben sich Männer nicht gerne in den geschlossenen Raum einer mobilen Toilette, erfuhr ich von Ralph Kindel. Sie fühlten sich wohler in der freien Wildbahn. Notfalls, wenn kein Baum vorhanden sei, urinierten sie von außen an das Toilettenhäuschen. Das ist das Animalische am Mann, dachte ich mir. Sie müssen markieren wie die Amur-Tiger. Je höher, desto imposanter.

Für das männliche Menschenwesen ist das Kreuz-Urinal die Lösung. Sie hält den Rücken frei und bewahrt dem Mann die Illusion, einen Baum vor sich zu haben. Man stelle sich vor: im Kreis, zu viert. Einfach genial! Im Mix mit den traditionellen Dixis werden wir so auch in dieser Hinsicht dem Prinzip der kulturellen Vielfalt gerecht, ging mir durch den Sinn.

Probleme bereitete die Ausschreibung. Zwei Firmen brachten ihre Angebote ein. Beide lagen über 200.000 Euro. Nach den Bestimmungen der EU musste erneut ausgeschrieben werden. Nun auf europäischer Ebene. Gleicher Text, gleiches Resultat. Es meldeten sich wieder nur zwei Firmen, dieselben wie in Runde eins. Das Ganze hatte zwar Zeit und Geld gekostet, aber dem Gesetz war Genüge getan. Welch schönes Gefühl!

Das Unternehmen mit dem inspirierenden Namen TOI TOI DIXI machte das Rennen. Die Aufgabe war nicht einfach. 3.000 stille Örtchen mussten herbeigeschafft werden. Für einen Tag im Juli! Zur hohen Zeit der Außenveranstaltungen war das ein besonders schwieriges Vorhaben. Selbst das ganze Deutschland gab nicht genügend Kapazitäten her. TOI TOI DIXI stieß

über die Landesgrenzen hinaus und kehrte mit ausreichender Beute aus Holland und Osteuropa zurück. Die Toilettenfront stand. Für das Wohlbefinden der A 40-Besucher nahmen wir die Kosten von 305.000 Euro gerne in Kauf. „Was machen nun die Menschen der geplünderten Länder bei ihren Sommerfesten?", wollte ich wissen. „Es gibt immer noch das Modell Amur-Tiger", beruhigte mich Ralph Kindel.

Alles und jedes war auszuschreiben, national oder europäisch, diese gesetzliche Auflage bereitete uns nicht nur Freude. Ob immer der beste Anbieter herauskam, war hin und wieder offen. Meine schöne Hoffnung, das große Kulturfest möglichst kostenneutral über die A 40-Bühne zu bringen, zeigte sich der Wirklichkeit nicht gewachsen. „Wir brauchen Absperrungen, Bauzäune, Hamburger Gitter, PVC-Planen für Geländer", teilte Ralph Kindel mit. „Was kostet der Spaß?", fragten wir betont locker, um den Schmerz zu verbergen. „Das wissen wir erst nach der Ausschreibung. Vermutlich um die 100.000 Euro", war die herzlose, aber sachkundige Antwort. So kam es denn auch.

Wie der A 40-Virus zu Hochleistungen ansornte

Doch noch waren längst nicht alle großen Hürden genommen. Was war mit dem Verkehrsgutachten? Die Dauer der Ausarbeitung ließ uns ahnen, wie viele schwerwiegende Probleme und Aspekte zu lösen bzw. zu berücksichtigen waren. Endlich lag das Gutachten vor. Es war positiv ausgefallen, allerdings mit jeder Menge Auflagen, was die Umleitung der Verkehrsströme und die Ausschaltung der vielen Gefahrenpunkte betraf. Ulrich Malburg, Leiter Referat Verkehrssicherheit und Telematik im Landes-Verkehrsministerium, hatte uns das Ergebnis des Verkehrsgutachtens übermittelt. Der Ministerialrat war von der ersten Sitzung an dabei gewesen. Anfangs skeptisch, aber immer konstruktiv. Ohne seine Unterstützung wäre das Projekt im bürokratischen Gestrüpp der notwendigen Genehmigungen hängen geblieben.

Irgendwie waren alle Beteiligten vom A 40-Virus mit positiver Wirkung befallen. Obwohl es kritische Situationen zuhauf gab, verzagte keiner und keine, auch wenn ständig neue Schwierigkeiten auftraten. Mit großer Energie, starker Kondition und viel Fantasie wurde Hindernis um Hindernis mit Bravour genommen. Das galt nicht zuletzt für Christoph Querdel, Abteilungsleiter Landesbetrieb Straßen.NRW, und Hans Kuchenbecker von der Autobahnmeisterei Dortmund. Beide hüteten zwar die ihnen anvertraute A 40 wie ihren Augapfel, andererseits wollten sie aber ihrer geliebten Autobahn die wahnwitzige Abwechslung eines multinationalen Kulturfestes gönnen.

Mit Elan ging es ins Finale. In den Arbeitsgruppen Sicherheit, Verkehr, Logistik und Programm wurden alle Facetten der Aktion „Still-Leben Ruhrschnellweg" durchgespielt; auf der Mobilitäts- wie auf der Tischspur. Die Ladekapazität eines Schenker-LKWs gab das Richtmaß vor. Ein Lastwagen konnte Tische und Bänke für einen Kilometer transportieren. Entsprechend wurden zwei Probedurchgänge durchgeführt, beide Male ging es um einen Kilometer.

Erster Tatort war der Parkplatz P 10 an der Messe Essen. Als ich sah, wie schnell die THW-Helfer die Tische und Bänke aufstellten, ging ich mit Bernd Springer eine Wette ein. Nach meiner Schätzung war der Kilometer in genau anderthalb Stunden absolviert. Bernd Springer hielt dagegen. Seine Jungs würden es in kürzerer Zeit schaffen. Am Ende hatte er mich

um sechs Minuten abgehängt. Allerdings glich die Tischreihe einer Schlangenlinie.

Beim zweiten Probelauf ging es um Realbedingungen. Dafür war an einem Mai-Wochenende ein Streckenabschnitt der A 540 bei Jüchen/Grevenbroich auch über Nacht gesperrt worden. Herausgefunden werden sollte, wie lange es dauert, einen Kilometer Autobahn bei Dunkelheit und nachlassender Kraft der Helfer in akkurater Ausrichtung mit Tischen und Bänken zu möblieren. Wie sich herausstellte, ging es genauso schnell wie beim ersten Mal. Die Helfer gönnten sich keine Pause und keine Nachlässigkeit. Gleichzeitig wurde die Strecke mit Toiletten, Abfalltonnen, Informationsschildern, Zäunen und Streckenhinweisen bestückt. Die Presse war in großer Zahl erschienen. Die Journalisten bekamen schöne Bilder und wir ermutigende Erkenntnisse. Die Gesamtzeit der Sperrung konnte auf 31 Stunden gedrückt werden. Es war alles erfreulich bei der Generalprobe, nicht zuletzt das Wetter. Sonne, 25 Grad, ein paar Wolken am Himmel, kaum Wind. Genau solche meteorologischen Verhältnisse wünschten wir uns für den großen Tag am 18. Juli 2010.

Das Wetter war die eine große Unbekannte, die andere war die Zahl der Besucher. Mit 700.000 Menschen müssten wir rechnen, war meine Schätzung. Wie stand es um die Sicherheit des Publikums? Dieses Thema genoss in unseren Beratungen höchste Priorität. Konnte eine solche Menschenansammlung ein Ziel terroristischer Anschläge werden? Die geheimen Dienste prüften den Fall und gaben Entwarnung. Man würde aber wachen Auges die Veranstaltung beobachten, ließ man uns wissen. Was konnte sonst noch drohen? Ausraster im Gedränge oder Amokhandlungen, wie kurz zuvor bei einem Großereignis in Holland, als ein Autofahrer in die Menge fuhr? Alles wurde bei der polizeilichen Gefahrenab-

wehr bedacht. Und auch die Feuerwehr samt der Rettungsdienste war auf alle erdenklichen Eventualitäten vorbereitet. Rettungsmannschaften wurden für sämtliche Auf- und Abfahrten vorgesehen, ebenso Notärzte in den Städten entlang der A 40 und Unfallhilfestellen auf jedem Kilometer. Die Krankenhäuser waren ebenfalls im Bilde.

Der damalige Innenminister Ingo Wolf kündigte an, dass 1.700 Polizisten im Einsatz sein würden. Zusammen mit den Mannschaften der Feuerwehren, der Rettungsdienste, des Technischen Hilfswerks, unserer Sicherheitsleute und Volunteers konnten wir mit gut siebentausend Ordnungs- und Hilfskräften auf der A 40 zwischen Duisburg und Dortmund rechnen.

Alles sah gut aus. Doch dann gab es einen kräftigen Dämpfer, der das ganze Unternehmen in Frage stellte. Für die Reinigung der Autobahn drohten gewaltige Kosten. Offensichtlich wurde mit Bergen von Müll wie bei Karneval oder anderen großen Umzügen gerechnet, zum Beispiel beim Christopher Street Day. Allein für die Säuberung des Essener Abschnitts wurde eine Summe in Höhe von einer Million Euro ermittelt. Das wäre der Blattschuss für die Aktion „Still-Leben" auf der A 40 gewesen. Die Zahl wurde zwar später relativiert, aber zusammen mit der Rechnung aus Mülheim an der Ruhr wäre unsere Kasse stark überfordert worden.

Zum Glück signalisierten die Entsorgungsbetriebe in Bochum, Dortmund und Duisburg ihre Bereitschaft, die Reinigung ihrer Abschnitte mit Marketingleistungen auf unserer Seite zu verrechnen. Nach längerem Hin und Her kam uns auch Essen mit akzeptablen Forderungen entgegen. Nur bei Mülheim an der Ruhr mussten wir einem privaten und preisgünstigeren Anbieter den Zuschlag geben. So wurde die letzte große Hürde genommen.

Jetzt fehlte nur noch die Genehmigung der Veranstaltung durch die für die A 40 zuständigen Regierungsbezirke. Auch da erlebten wir Entgegenkommen. Um das Verfahren zu erleichtern, hatte Arnsberg die Federführung Düsseldorf überlassen. Die Unterlagen, die für die vielen Abläufe und unterschiedlichen Gewerke im Laufe der drei Jahre erarbeitet worden waren, füllten inzwischen zwölf dicke Aktenordner. Jetzt wird es Zeit, auch mal Beamte zu loben. Drei Vertreter dieser oft gescholtenen Spezies, Thomas Plück als Dezernent Verkehr, Dominik Eisele als Verkehrsingenieur und Doris Rabe als Sachbearbeiterin im Verkehr, überprüften die zum Teil sehr komplizierten Vorgänge so zügig, dass die Genehmigung durch den Regierungspräsidenten Jürgen Büssow frühzeitig erfolgen konnte.

Um dem Hoheitsakt vor der Presse den passenden Rahmen zu geben, suchten wir nach einem geeigneten Ort. Wir fanden ihn in der Lagerhalle der Messe Essen, wo unsere Tische und Bänke auf ihren Einsatz auf der A 40 warteten. Hoch gestapelt füllten sie die Fläche von anderthalb Fußballfeldern. Die Fotografen und Kameraleute bekamen die Bilder, die sie für die Ankündigung der von der Bevölkerung inzwischen mit großer Spannung erwarteten Aktion „Still-Leben Ruhrschnellweg" brauchten.

Ein langer Weg war zurückgelegt worden. Viele Klippen hatten umschifft werden müssen. Komplizierte und kostspielige Projekte, wie es „Still-Leben" war, sind per se sehr kritikanfällig. Vorwürfe wie Verschwendung, Großmannssucht und Rücksichtslosigkeit gegenüber Urlaubsreisenden waren erhoben worden. Die eigentliche Botschaft der Aktion auf der A 40 konnte dadurch leicht unter die Räder geraten. Dagegen half nur ehrliche Unterrichtung der Bevölkerung. Darauf setzte unser Pressesprecher Marc Oliver Hänig. Seine Professionalität

wurde in der Branche sehr geschätzt. Als erfahrener Zeitungsredakteur wusste er, was Journalistinnen und Journalisten am Projekt „Still-Leben Ruhrschnellweg" interessieren könnte. Das bescherte uns viele hundert Berichte, die Spaß machten auf die A 40-Aktion.

Die Pressekonferenz in der Essener Messehalle zog Hänigs Truppe im Stil einer Verkehrswarnung auf. „Achtung! Achtung! Personen auf der Fahrbahn!", hieß es in der Einladung. Das Aufgebot war groß! Nicht nur an Presse, sondern auch an politischer Prominenz! Als Regierungspräsident Jürgen Büssow mit seiner Unterschrift die Veranstaltung auf der A 40 letztendlich genehmigte, schauten ihm die Oberbürgermeister der Städte Bochum, Dortmund, Gelsenkirchen, Essen und Mülheim an der Ruhr sowie der Staatssekretär des Verkehrsministeriums über die Schulter. Politisch hat Jürgen Büssow, der uns wohlgesonnen war, den Hoheitsakt allerdings nicht lange überlebt. Seine Amtszeit ging nur wenige Tage später zu Ende.

Bei dieser Gelegenheit fiel uns auf, dass viele Persönlichkeiten aus Politik, Wirtschaft und Kultur, die im Laufe der Jahre eine Menge für die Kulturhauptstadt geleistet hatten, ihre Ämter einbüßten. Bitter für die Betroffenen! Aber sie alle sollen wissen, dass wir in unserem Dank nachtragend sind und deshalb ihre Verdienste an der Kulturhauptstadt Europas RUHR.2010 nicht vergessen.

Das Vabanque-Spiel: Alles oder nichts

War nach der Genehmigung nun alles in bester Ordnung? Ganz sicher war ich mir nicht. Ich bat deshalb die für die Sicherheit Hauptzuständigen zu einem Gespräch. Die Polizeien und Feuerwehren von Dortmund, Bochum, Gelsenkirchen, Mülheim an der Ruhr und Duisburg hatten ihren Kollegen in Essen die Koordinati-

on ihrer Aktivitäten übertragen. So kamen denn zur Schlussbesprechung aus Essen der Leitende Polizeidirektor Fritz Unterberg und Polizeidirektor Dirk Harder sowie von der Feuerwehr Essen der Chef Ulrich Bogdahn und Jörg Wackerhahn als der Abteilungsleiter „vorbeugender Brandschutz". Die hochkarätige Runde sprach für alle Sicherheits- und Rettungsdienste entlang der A 40 zwischen Duisburg und Dortmund.

Wir arbeiteten uns durch die wesentlichen Problemzonen und kamen schließlich auf ein aktuelles Ereignis zu sprechen. Ein Unwetter hatte am Vortag Teile des Ruhrgebiets lahmgelegt. „Wie sollen wir reagieren, wenn Gleiches am Sonntag droht?", wollte ich wissen. „Frühzeitig abbrechen oder erst gar nicht anfangen!", bekam ich zur Antwort. Selbst wenn noch keine Wolke am Himmel zu sehen sei, sollte bei einer Unwetterwarnung sofort gehandelt werden, und zwar für die ganze Strecke. Eine klare Ansage! Wir wussten Bescheid. Keine Kompromisse, wenn es um die Sicherheit geht!

Am Ende unseres Treffens stellte ich die Schicksalsfrage. „Können wir ruhigen Gewissens das Kulturfest auf der A 40 wagen?" „Das können Sie! Die Veranstaltung ist von allen Beteiligten bestens vorbereitet worden. Der Stress wird für Polizei und Feuerwehr nicht größer sein als bei einem Bundesligaspiel." Angesichts der geballten Kompetenz, die uns gegenübersaß, waren mit dieser Auskunft meine letzten Zweifel genommen. Wir sagten unsererseits zu, Empfehlungen der Polizei oder Feuerwehr von uns als Veranstalter aus sofort zu befolgen. So weit, so gut!

Aber da war noch das Wetter. Die Aussichten wirkten blutdruckerhöhend. Nach dem ersten Unwetter am Montag folgte am Mittwoch das nächste. Und die Woche war noch nicht zu Ende. Am Freitag kam es noch einmal ganz dick. Nach einem Ballettbesuch im Festspielhaus konnte ich Recklinghausen nicht verlassen, weil ein Sturzregen, begleitet von Blitz und Donner, die Straßen in reißende Bäche verwandelte.

„Das kann ja heiter werden, wenn die Unwetter weiter im Zwei-Tage-Rhythmus kommen", dachte ich mir. „Dann können wir das Unternehmen auf der A 40 abschreiben." Das Projekt erlaubte keine Alternativen. Es ging nur alles oder nichts! Entweder würde die Aktion am 18. Juli stattfinden oder ersatzlos ausfallen. Einen Plan B ließen die Verhältnisse nicht zu. Eine Verschiebung war aus organisatorischen und finanziellen Gründen nicht möglich. Der Ausfall wäre ein Desaster geworden. Finanziell hätten wir 2,5 Millionen Euro vergeblich investiert. Überdies wären drei Jahre engagierter Arbeit vieler Menschen für die Katz gewesen und die Bevölkerung wäre um ein großes Gemeinschaftserlebnis gekommen.

So wie die Dinge lagen, kam ich nicht umhin, mir die Konsequenzen in den düstersten Farben auszumalen. Mein persönlicher Plan B stand fest. Bei einem Fehlschlag würde ich die Sache auf meine Kappe nehmen und als Vorsitzender der Geschäftsführung sofort zurücktreten. Die Situation war mir nicht unvertraut. Bei der Eröffnung im Januar auf der Zeche Zollverein, wo am Ende alles am Ausmaß des Schneesturms „Daisy" hing, hatte ich mir den gleichen Plan verordnet. Immerhin hatte ich jetzt die Gewissheit, dass wir mit einem Schneesturm nicht zu rechnen hatten. Gleichwohl verfolgte ich mit erhöhtem Interesse die Wettervorhersagen. Irgendwie fehlte mir Jörg Kachelmann. Er hatte uns mit seinem Kollegen Sven Plöger punktgenau die Wetterentwicklung am Tag der Eröffnung der Kulturhauptstadt vorhergesagt. Nun war er aus einem Anlass, der die deutsche Öffentlichkeit in zwei Lager spaltete, für einige Monate nicht erreichbar.

Am Samstagmorgen verbreitete der Wetterbericht Zuversicht. „Sollte TAS-Chef Thomas Siepmann mit seiner verwegenen Behauptung Recht behalten, am 18. Juli seien 28,7 Grad Celsius bei Sonnenschein und leichter Brise zu erwarten?", fragte ich mich. Mir hätte es sehr gepasst, wenn seine Prophezeiung Wirklichkeit würde. Dafür war ich bereit, einen guten Preis zu zahlen. Also hatte ich mit einem Kasten Stern-Pils dagegengehalten. Der Wett-Einsatz war nun perdu, dafür ein großes Ereignis gesichert. Ein fairer Deal!

In der Bevölkerung wuchs die Vorfreude auf ein Ereignis, von dem ungewöhnliche Erlebnisse erwartet wurden. Am Samstagabend versammelten sich entlang der A 40, insbesondere in der Innenstadt von Essen, viele tausend Menschen, um den Beginn der Sperrung mitzuerleben. In unserem Pressezentrum Essen-Frohnhausen war ein Bataillon Journalisten in Stellung gegangen. Wer frei von Höhenangst war und einen kleinen Nervenkitzel liebte, kam bei Marc Oliver Hänig auf seine Kosten. Unser Pressesprecher, nie um einen guten Einfall verlegen, ließ interessierte Kolleginnen und Kollegen einen Fahrkorb besteigen und mit Hilfe eines Krans über die Autobahn schwenken. Die Perspektiven von null bis vierzig Meter waren von unterschiedlichem Reiz, aber zur Sache gab es wenig zu sehen. Die Tische waren noch nicht da.

Um 22 Uhr sollte es losgehen, aber es tat sich zunächst nichts. Die Schenker-LKWs samt Gabelstapler blieben mit ihrer Fracht in ihren Wartepositionen. Ralph Kindel hielt uns auf dem Laufenden. Es war nicht auf Anhieb gelungen, die Autobahn hermetisch abzuriegeln. Immer noch vagabundierten Autos über die A 40. Zu unserer Erleichterung begnügten sich die Presseleute mit sarkastischen Bemerkungen, zeigten sich aber ansonsten sehr geduldig; völlig untypisch für ihre Branche.

Allzu lange brauchten sie allerdings nicht zu warten. Gegen 23 Uhr rollten von Duisburg bis Dortmund hundert Schenker-LKWs, gefolgt von jeweils zwei Gabelstaplern, auf die A 40. Das Publikum honorierte den Aufmarsch mit Beifall.

Die Operation „Still-Leben Ruhrschnellweg" hatte nun endgültig begonnen. Meine Aufgabe war es jetzt nur noch, für die Fotografen und Kamerateams am zuerst aufgestellten Tisch mit einem glücklichen Gesicht zu posieren. Das pausenlose Klackern beim Aufstellen der Tische und Bänke signalisierte mir, dass die Operation wie geplant und geprobt über die 60 Kilometer lange Bühne A 40 ging. Eigentlich hatte ich mir vorgenommen, eine Spritztour über die leere Mobilitätsspur zu machen. Aber ich schenkte mir das Vergnügen, um nicht als Geisterfahrer für Verwirrung zu sorgen.

Das hohe Lied auf Wetter und Publikum

Morgenstund hat Gold im Mund. In den 7-Uhr-Nachrichten kündigte WDR 2 genau das Siepmann-Wetter an: sonnig, 28 Grad, leichte Brise. In der Leitzentrale der Feuerwehr mit der zu Disziplin und Strenge verpflichtenden Ortsbezeichnung „Eiserne Hand" herrschte aufgeräumte Stimmung, als Oliver Scheytt und ich zum „Staatsbesuch" erschienen. Alles verlief nach Plan, erfuhren wir von Jürgen Fischer und Ralph Kindel. Pausenlos liefen die Meldungen der vielen Stationen zwischen Duisburg und Dortmund ein; per Funk, Telefon oder E-Mail. Sonja Peger und Gundula Beck, die beiden Unerschütterlichen von TAS, sortierten und dirigierten die Informationsflut, als sei es ihr alltägliches Geschäft. Wir konnten uns getrost auf den Weg zur Eröffnung der Tischreihe nach Dortmund machen.

Vom Hubschrauber aus beobachteten wir, dass jetzt schon – zwei Stunden vor Beginn –

vereinzelte Fußgänger und Radfahrer auf der A 40 unterwegs waren. Hannelore Kraft, soeben zur Ministerpräsidentin des Landes Nordrhein-Westfalens gewählt, trafen wir in Dortmund. Sie verbarg ihre Begeisterung nicht, als sie zusammen mit Dortmunds Oberbürgermeister Ulrich Sierau die Aktion „Still-Leben Ruhrschnellweg" in der Höhe des Stadions Rote Erde offiziell eröffnete. Der Andrang war bereits um zehn Uhr erstaunlich groß. „Wenn das so anhält, haben wir bald mehr als meine geschätzten 700.000 Besucher auf den beiden Fahrbahnen", ging mir durch den Kopf. Die Aussicht beunruhigte mich nicht. Polizei und Feuerwehr hatten uns ja versichert, dass auch größere Menschenmengen kein Anlass zur Sorge seien.

Auf dem Rückflug sahen wir, wie zehntausende Besucher aus allen Himmelsrichtungen auf die A 40 zuströmten. Das Gewimmel am Boden war groß. Den Himmel hatten wir hingegen alleine. Wie uns schien! Der Hubschrauberpilot klärte mich darüber auf, dass nur Sonderflüge wie unserer unter 600 Meter Höhe gestattet seien. In diesem Augenblick zischte ein Leichtmetallflugzeug keck und knapp unter uns her. Ob der Pilot uns gesehen hatte, wage ich zu bezweifeln. Zum Glück hatte die Ministerpräsidentin auf dem Co-Pilotensitz die unerwartete Begegnung nicht mitbekommen. Sie betrachtete voller Freude das farbenfrohe Geschehen unter ihr, das beinahe ein schnelles Ende gefunden hätte. Es blieb ein Einzelfall im ansonsten gut organisierten Luftsektor.

Es war noch keine 11 Uhr, als wir in der Nähe von Duisburg-Häfen auf der Autobahn landeten und von einem gewaltigem Pulk Radfahrer erwartet wurden. Wir gönnten uns zusammen mit NRW-Verkehrsminister Harry Voigtsberger und Duisburgs Kulturdezernenten Karl Janssen zur Eröffnung der Mobilitätsspur eine kurze Radpartie nach Duisburg-Kaiserberg, wo wir von hundert Bräuten in üppigen Hochzeitskleidern empfangen wurden. Von adretten jungen Frauen umschwärmt zu werden, war für einen alten Knaben wie mich kein lästiges Erlebnis. Eigentlich sollte ich ein Heiratsangebot erhalten, war mir direkt anvertraut worden. Wurde aber nichts draus.

Um 12.15 Uhr erhielt ich einen Anruf von Ralph Kindel und Mike Filzen von der Feuerwehr. „Wir empfehlen eine Reihe von Zugängen zu schließen. Das Gedränge wird zu groß. Rettungswagen haben bald keine Chance mehr, durch die Menge zu kommen." Die Auskunft verblüffte mich. Wenn wir jetzt schon dichtmachen mussten, dann waren nach den Berechnungen des Verkehrsgutachtens mehr als 1,2 Millionen Menschen auf der A 40. Ich stimmte der Empfehlung sofort zu, bat aber, die angereisten Besucher zu informieren, dass die Zugänge nach Auflösung der Verdichtungen sofort wieder geöffnet würden. Trotz der Staus und Wartezeiten ließen sich die Menschen die gute Stimmung nicht nehmen. Vielleicht lag es daran, dass sie über Jahre darin geübt waren, auf der A 40 Geduld zu zeigen.

Ich hatte es da deutlich einfacher. Meine vielen Pflichtbesuche konnte ich per Hubschrauber absolvieren. „Wie Beckenbauer bei der Fußballweltmeisterschaft 2006!", lästerte unser Pressesprecher. Spott hin oder her: Nur per Heli konnte ich alle Verabredungen auf der A 40 einhalten. Fast alle! Meine Familie und meine Freunde warteten in Dortmund vergebens auf mich.

Jedes Mal, wenn wir wieder aufstiegen und die Autobahn entlangflogen, bot sich das gleiche Bild. Ein reger Publikumsaustausch hatte ab 13 Uhr begonnen. In großen Schwärmen verließen die Menschen die Autobahn, aber mindestens ebenso viele kamen ihnen entgegen, um den Nachmittag auf dem Ruhrschnellweg zu verbringen. Von Still-Leben konnte keine Rede sein.

Als ich um 16 Uhr zur Pressekonferenz von Bochum-Zentrum nach Essen-Frohnhausen flog, sah ich immer noch große Gruppen von Radfahrern und Fußgängern, die über Auf- und Abfahrten auf dem Weg zur A 40 waren. Die Erfahrung, die Autobahn als Kulturfest- und Freizeitmeile zu erleben, wollten sich die wenigsten entgehen lassen. Per Funk hörte ich, dass inzwischen die Zahl der Besucher auf drei Millionen Menschen geschätzt wurde. „Hoffentlich reichen die Toiletten für diesen Andrang?", fragte ich mich.

Mich beschlich die Sorge, dass die Menschen in ihrer ungebremsten Zuneigung zur A 40, die auch zu dieser Stunde noch anhielt, nicht bereit wären, das Feld pünktlich zu räumen. Verständnis hätte ich dafür gehabt. Es war angenehm warm, die Stimmung fröhlich, alle hatten das Gefühl, bei einem Tag wie noch nie dabei zu sein. Wer will da schon so früh nach Hause? Dann erschien ein Motorflugzeug. Es schleppte ein Banner mit der Aufschrift hinter sich her: „Danke. Dat war's."

Das Wunder geschah. Alle standen auf, rückten Tische und Bänke gerade, stopften den Müll in die Plastiksäcke und verließen – wie höflich erbeten – um 17 Uhr die A 40. Sie hinterließen eine Autobahn, die noch nie so sauber war wie nach diesem Besuch von drei Millionen Menschen. Sie hatten gute Gäste sein wollen, die ihrem Gastgeber keinen Dreck hinterlassen. Kein einziger Tisch war mutwillig verschmiert, meldete Schenker später. „Ein besseres Publikum als die Menschen im Ruhrgebiet gibt es nicht", stellte ein Gast aus Hamburg fest. „Typisch deutsch!", bekam ich aber auch zu hören, als ich meine Beobachtungen schilderte. „Irrtum!", konterte ich solche Kritikaster. „Dies war nicht deutsch, sondern multi-deutsch. Auf dem Ruhrschnellweg waren am 18. Juli 2010 vermutlich alle 170 Nationalitäten vertreten, die ihre Heimat im Ruhrgebiet gefunden haben." Gut, ein bisschen Schwund gab es schon. Von 3.000 Hinweisschildern blieben uns nur noch 60. Einen solchen Restposten zu hinterlassen, fanden wir anständig. So konnten wir verdiente Mitwirkende am Projekt „Still-Leben" mit Devotionalien von der A 40-Aktion beglücken. Sonst hätten wir sie an ebay verweisen müssen, wo unsere Hinweisschilder bereits zu ordentlichen Preisen die Besitzer wechselten.

Als der Abend dämmerte, rief ich Jürgen Flimm an. Ich erinnerte ihn an den Abend, an dem die Idee „Still-Leben" geboren wurde. Er war gleich im Bilde und freute sich mit uns, als ich ihm schilderte, mit welchem Enthusiasmus und welchem Esprit die Bevölkerung die oft verfluchte A 40 in Besitz genommen hatte. Nach der Anspannung in den letzten Tagen blieb der Adrenalinspiegel hoch. An Schlaf war nicht zu denken.

Was hörten wir von der Autobahn? Die Teams von Schenker und THW waren dabei, beim Abbau der Tische und Bänke neue Rekorde aufzustellen. Auch die Entsorgungstrupps kamen gut voran, weil weit weniger Müll als erwartet angefallen war. Die Sperrung könnte deshalb früher als geplant aufgehoben werden, hörten wir von der Strecke. Aber um auf Nummer sicher zu gehen, blieb es beim vorgesehenen Zeitplan. Davon ließen wir uns nicht abhängen. Kurz vor fünf Uhr morgens trafen wir uns wieder. Wir wollten die Öffnung der A 40 erleben. Oliver Scheytt war dabei, ebenso Jürgen Fischer und Ralph Kindel, der ob seiner Organisationsleistung bereits mit dem Titel „Held der Autobahn" geadelt wurde.

Immer mehr unserer Mitarbeiter, die für den Erfolg dieses Unternehmens alles gegeben hatten, kamen zu der Fußgängerbrücke am Wasserturm in Essen-Huttrop. Thomas Siep-

mann mit seiner Truppe stieß dazu. Er schleppte einen Kasten Bier herbei, konnte sich allerdings nicht verkneifen, mich daran zu erinnern, dass er mit seiner Wettervorhersage eine Punktlandung erzielt hatte. Für mich gab es keinen Grund des Widerspruchs. Besser hätte das Wetter nicht sein können. Dafür lieferte ich gerne den versprochenen Kasten Stern-Pils, was bereits wenige Tage später vor großem Publikum geschah. Wettschulden sind schließlich Ehrenschulden!

Nun aber standen wir am 19. Juli 2010 um fünf Uhr auf der Fußgängerbrücke und warteten auf das Ende der A 40-Sperrung. Als die Scheinwerfer des ersten Autos auftauchten, stießen wir mit gutem Ruhrgebietsbier auf die gelungene Operation „Still-Leben Ruhrschnellweg" an und richteten den Blick weit nach vorne. „Auf ein Neues 2020!", prosteten wir uns zu.

DER AUFBAU

17. Juli 2010. 22 Uhr: Mit der sommerlichen Abenddämmerung senkt sich Ruhe über die sonst so betriebsamen Fahrbahnen der A 40. Der Ruhrschnellweg, sonst auch „Ruhrschleichweg" genannt, ist gesperrt, von Duisburg-Homberg (A 40) bis Dortmund Märkische Straße (B 1). In Fahrtrichtung Duisburg wird mit über 22.000 Tischen die längste Tafel der Welt aufgebaut – Tische, die zur Bühne für die kulturelle Vielfalt der Metropole Ruhr werden. Bereits vor Veranstaltungsbeginn am 18. Juli 2010 um 11 Uhr wagen sich erste Spaziergänger, Fahrradfahrer und Rollschuhläufer auf die Fahrbahn.

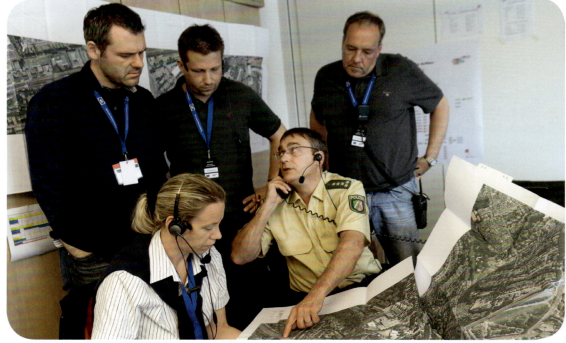

RUHR.2010
Kulturhauptstadt Europas

DUISBURG   DORTMUND

Die längste Tafel der Welt!

HELLWEG
IDEEN MUSS MAN HABEN

Der Aufbau

Der Aufbau

21

Der Aufbau

Jürgen Fischer

„Ihr seid wirklich bekloppt!"

Es war ein nasskalter Tag im April 2007, an dem ich auf der wie immer vollgestopften Autobahn von Essen nach Dortmund fuhr und über das nachdachte, was mir Fritz Pleitgen, seit wenigen Tagen Vorsitzender der Geschäftsführung der RUHR.2010 GmbH, soeben eröffnet hatte: „Wie wäre es, wenn wir die A 40 sperrten und die Bevölkerung von Dortmund bis Duisburg zum Kulturfest einlüden? Checken Sie mal, wie die Idee ankommt." Die Fahrzeugdichte um mich herum löste sich langsam auf, und ich konnte jetzt endlich mehr Fahrt aufnehmen. Hatte er wirklich „von Dortmund bis Duisburg" gesagt? Ich schaute nach vorn und konnte gar nicht anders, als mir schier unendliche Reihen von Tischen auf der Fahrbahn vorzustellen. Ein greller Blitz riss mich urplötzlich aus meinen aufgedrehten Gedanken und erinnerte mich daran, wo ich mich gerade befand: auf der A 40, Ausfahrt Gelsenkirchen-Süd. Verantwortlich für den Blitz war die dort seit Jahren installierte und mir im Normalzustand bestens vertraute Radarfalle, die mich in diesem Moment böse erwischt hatte. Die Idee der Autobahnsperrung zeigte erste Wirkung.

Einige Wochen später tauchten erste Berichte in den Zeitungen auf. „Picknick auf der Autobahn", hieß es da. Die Reaktion war beachtlich. Von den vielen aufgeregten Stimmen, die von den Redaktionen eingeholt worden waren, war diese sicherlich die originellste: „Tische auf der Autobahn? Wer soll denn da servieren?" Die Sache fing an, mir mehr und mehr Spaß zu machen. Hier und da gab es Naserümpfen ob des angeblich populistischen Charakters der Idee. Auch wurde die Umsetzbarkeit von etlichen selbsternannten Experten bezweifelt. Die Stimmen aus der Bevölkerung klangen da schon beseelter: „Wahnsinn! Wenn die das wirklich hinkriegen …" Ja, dachte ich, es ist Wahnsinn. Aber wir werden dem Wahnsinn Methode geben und wir werden dieses Spiel gewinnen. Längst hatte mich die Idee in ihren Bann gezogen, und Fritz Pleitgen hatte mich mit seinem sportiven Geist, Unmögliches möglich machen zu wollen, angesteckt.

Einige Zeit später, wir hatten uns inzwischen der Unterstützung des Verkehrsministeriums in Düsseldorf versichert, wurde ich auf der Bühne der WDR-Sendung „Hallo Ü-Wagen" in Herne mit kritischen Fragen zu dem Thema bombardiert, wie denn die „einfachen Leute" sich in das Programm der Kulturhauptstadt würden einbringen können. Noch stand unser Programm ja gar nicht fest, aber ich konnte trotzdem auf einige geplante Projekte verweisen und begann, diese zu erklären. Das war den Männern vor der Bühne, die sich selbstbewusst als „Hartz-IV" vorgestellt hatten, alles viel zu kompliziert. Mit der Frage „Was jetzt?" räumten sie mir eine letzte Chance ein, die Alltagstauglichkeit von RUHR.2010 anschaulich unter Beweis zu stellen. Ich nutzte sie und sprach zum ersten Mal vor Publikum von der geplanten Autobahnsperrung, von den 20.000 Tischen und von den Menschen, die mit ihrer Alltagskultur die Hauptdarsteller dieses verrückten Tages auf der Autobahn sein sollten. Die Leute hatten aufmerksam zugehört, und als einer der Männer vor der Bühne mit lauter Stimme sein „Ihr seid wirklich bekloppt!" in die Runde rief, wusste ich, dass dies mehr als anerkennend gemeint war und dass ein höherer Grad an Zustimmung hier auf dem Marktplatz in Herne nie und nimmer zu bekommen sein würde.

Mittlerweile war es August geworden. Wo auch immer – ob in Vereinen, Volkshochschulen, bei Kolping oder den Rotariern – ich die frohe Botschaft von RUHR.2010 verkündete, fand das Projekt „Autobahnsperrung", das inzwischen den ironischen Titel „Still-Leben" bekommen hatte, begeisterte Zustimmung. Dem Wagemut der Macher wurde höchste Anerkennung gezollt. Typisch Ruhrgebiet! Was würde geschehen, fragte ich mich manchmal in solchen Momenten, wenn wir – aus welchen Gründen auch immer – das Unternehmen am Ende würden absagen müssen? Die Sperrung war machbar, keine Frage. Die erforderlichen Partner waren an Bord und für den nötigen politischen Rückhalt war gesorgt. Bald schon würden wir uns um einen erfahrenen Veranstaltungsmanager verstärken und auf dem Wege einer europäischen Ausschreibung eine starke Durchführungsagentur an unsere Seite holen. Letztlich war alles eine Sache der richtigen Logistik. Ich hatte in den Jahren 1999–2002 für das Theaterfestival Ruhr (T7) schon große Inszenierungen in ehemaligen Stahlwerken und Zechen mit vielen tausend Besuchern produziert und organisiert. Die Bewältigung einer 60 Kilometer langen Veranstaltungsfläche mit erwarteten 1,5 Millionen

Teilnehmern war aber noch einmal eine andere Sache. Und: Würden wir die komplexen Planungsprozesse und Maßnahmenpakete auch finanziell in den Griff bekommen?

Wenn ich mit den unterschiedlichen Planungsgruppen zusammenkam, die sich ab September 2007 in regelmäßigen Abständen zu den Themen Logistik, Sicherheit, Verkehr und Programm trafen, ließ ich diese Zweifel selbstverständlich außen vor. Vielmehr bestärkten mich diese Runden mit ihrem professionellen Sachverstand und ihrem unbestechlichen Blick auf das, was zur Sicherheit der Besucher zu tun war, in meinem Glauben an den Erfolg des Projekts. Beim Regionalverband Ruhr, in dessen Räumen wir aufgrund der hohen Teilnehmerzahl der Runden tagten, sorgten unsere Sitzungen anfangs für einiges Aufsehen. Wer den Parkplatz im Innenhof des Gebäudes in Essen unvorbereitet betrat, musste glauben, unvermittelt in einen Katastropheneinsatz geraten zu sein, so viele Polizei-, Feuerwehr- und THW-Fahrzeuge, allesamt mit Blaulicht ausgestattet, waren dort versammelt. Auch die beeindruckende Vielfalt der schmucken Uniformen, die bei diesen Gelegenheiten auf den Gängen zum Sitzungssaal zu bewundern waren, bot nicht nur den Mitarbeitern des Verbandes eine willkommene Abwechslung vom alltäglichen Einerlei.

Die Treffen selbst waren sehr konzentriert und spielten sich in gut gelaunter Ernsthaftigkeit ab. Allen Beteiligten war in jedem Moment bewusst, dass es sich hier um etwas Großes handelte. Noch nie war irgendwo auf der Welt eine vergleichbare Veranstaltung durchgeführt worden. Es gab keine Modelle, keine Patentrezepte, wie eine Autobahn über diese Distanz in eine gesicherte „Veranstaltungsstätte" umgewandelt werden kann. Jeder Einzelne wusste um die Risiken und die Gefahren, die mit diesem Vorhaben verbunden waren und denen

mit geeigneten Maßnahmen begegnet werden musste. Ebenso war aber auch jedem klar, dass ein Erfolg dieses Unternehmens weltweit für Aufmerksamkeit und im kollektiven Gedächtnis der Region für einen unauslöschbaren Eintrag sorgen würde.

Je konkreter die Planungen wurden und je stärker technische und logistische Fragen sowie Konzepte der polizeilichen und der nicht polizeilichen Gefahrenabwehr in den Mittelpunkt der Beratungen traten, desto ungeduldiger erwartete ich den Moment, an dem der mir (und von mir wiederum den Planungsgruppen) versprochene Veranstaltungsmanager auf den Plan treten würde. Mehr und mehr fühlte ich mich in der Rolle eines Spielmachers beim Fußball, dem sich keinerlei Anspielstation bietet. „Ball halten" war die Devise, und ich hielt den Ball bis ins Frühjahr 2008, obwohl ich durch die anderen 299 Projekte im Programm von RUHR.2010 mächtig auf Trab gehalten wurde. Dann kam endlich mit Ralph Kindel ein Mann an Bord, dem es an Erfahrungen in der Durchführung von Großveranstaltungen nicht fehlte. Fortan spielten wir munter Doppelpass, und wann immer die Situation kritisch zu werden drohte, kam Fritz Pleitgen aus der Tiefe des Raums nach vorne gestürmt und sorgte für die Tore, ohne die wir das Spiel um den „A 40-Cup" nicht hätten gewinnen können. Trotzdem war der 18. Juli 2010 kein Tag der Solisten. Die Mannschaft, ein Team, das aus vielen Einzelkünstlern der unterschiedlichsten Disziplinen bestand, war für den Erfolg verantwortlich. Es war ein Festtag für Logistiker, aber auch ein Triumph der Zivilgesellschaft, die sich an diesem Sonntag offen, kreativ, bunt, vital und fantasievoll an den Tischen präsentiert hat: „Wir sind die Metropole Ruhr!"

Gern hätte ich irgendwo in Höhe der AS Bochum-Riemke meine kritischen „Hartz-IV"-Freunde aus Herne wiedergetroffen. Es hätte

mich interessiert, mit welcher Idee sie sich dort dem Publikum präsentiert haben. Aber mein Platz war an diesem Tag überwiegend in der Leitzentrale der Feuerwehr in Essen. Verdammt lang her. Erst kürzlich fuhr ich wieder an einem nasskalten Tag im November 2010 über die A 40 von Essen nach Dortmund. Glücklicherweise bin ich jetzt wieder soweit, dass mich die Radarfalle bei der Ausfahrt Gelsenkirchen-Süd nicht mehr überrumpeln kann. Sollte es aber nicht aufhören, dass ich bei jeder Fahrt überall auf der Strecke unendliche Reihen von Tischen und Bänken halluziniere, werde ich demnächst doch meinen Arzt aufsuchen müssen.

Ralph Kindel

Der zickigen Diva gefiel die Huldigung

Am 19. Juli 2010 schellte um 4 Uhr 59 und 45 Sekunden mein Handy. Thomas Plück von der Bezirksregierung Düsseldorf meldete Vollzug: „Um 4 Uhr 59 und 15 Sekunden haben wir die Autobahn für den Verkehr freigegeben." Die Wette war gewonnen. Wir haben die Autobahn pünktlich vor fünf Uhr wieder freigegeben. Ich hatte das Versprechen gegenüber Hans Kuchenbecker von der Autobahnmeisterei Dortmund gehalten. Schade, dass ich anderthalb Jahre vorher keinen Wetteinsatz angeboten hatte.

Das ganze Projektteam samt unserer Presseabteilung jubelte, Fritz Pleitgen und Oliver Scheytt taten es auch! Nun hieß es, zu beobachten, aus welcher Richtung die ersten Fahrzeuge kommen würden. Um 5:07 Uhr tauchte endlich das erste Auto aus dem Essener Tunnel auf. Mit stehenden Ovationen von uns begrüßt, vom Fahrer leider nicht gebührend zur Kenntnis genommen. Egal! Wir hatten es geschafft. Damit war das Projekt „Still-Leben Ruhrschnellweg" Geschichte.

Was nun Geschichte war, hatte für mich fast auf den Tag genau zwei Jahre vorher begonnen. Von RUHR.2010 war ich gemeinsam mit Jürgen Fischer als Projektleiter eingesetzt worden. Die Aufgabenverteilung hatten wir schnell geklärt: Jürgen Fischer war für die Einbindung der Städte und die Programmatik zuständig, ich sollte den Verkehr, die Sicherheit und die Logistik betreuen. Zunächst galt es, die ersten strategischen Überlegungen mit den Partnern, dem THW, Schenker sowie dem Verkehrsverbund Rhein-Ruhr samt Verkehrsunternehmen und den Städten anzugehen. Wie sollte eine Autobahn, die nicht für Fußgänger und Radverkehr ausgelegt ist, die keine

Einbauten für Wasser, Abwasser und Strom hat, innerhalb kürzester Zeit zu einer Versammlungsstätte umfunktioniert werden? Und nicht nur das! Das Ganze sollte auch wieder rückgebaut werden, sodass der Verkehr störungsfrei rollen konnte. Wie konnte das geschafft werden?

Anderthalb Tage sollte die Sperrung längstens dauern. So lautete die Grundvorgabe. Na, wenigstens das stand fest. Zum Glück war gedanklich und praktisch noch vieles möglich. Schön zu wissen, denn das Projekt war in vielerlei Hinsicht ein besonderes Konstrukt. Sieben Anrainerstädte samt eigenständigen Verwaltungen, sieben Feuerwehrbehörden, die Polizei der Städte unter der Führung des Polizeipräsidiums Essen und zwei Bezirksregierungen saßen gemeinsam mit RUHR.2010 und deren Partnern in den Abstimmungsgesprächen zusammen. Ich muss gestehen, dass mich keine optimistischen Gedanken angesichts der möglichen Uneinigkeiten und verschiedenen Ansichten durch die ersten Sitzungen begleiteten. Schon die Raumfindung war eine Herausforderung. Wenn der Raum groß genug war, fehlte es an Parkplätzen oder umgekehrt. Wer sollte dieses logistische Problem lösen? Die Mehrheit der Beteiligten war sich einig. Die Sache fiel in die Kompetenz des Zivilschutzes. Die Hürde war genommen und die Entscheidung gut. Dank des THW und des Einsatzes von Bernd Springer hatten wir bald eine Bleibe für die vielen Sitzungen in der Geschäftsstelle des Technischen Hilfswerks in Bochum gefunden. Nicht ausgetrickst hatten wir mit dieser Entscheidung unsere zickige Diva A 40. Ihren Tücken und Streichen blieben wir

weiterhin ausgeliefert, und zwar bei jeder Sitzung. Entweder kam die Gruppe aus Dortmund und Arnsberg zu spät oder das westliche Ruhrgebiet samt Düsseldorf.

Ob die Entschuldigungen immer stimmten, weiß ich nicht. Ich kann nicht verhehlen, dass die Umbaumaßnahmen für den Ausbau der A 40 und die damit einhergehenden Staus mir des Öfteren als Ausrede für mein häufiges Zuspätkommen dienten. Wie auch immer: Wir konnten uns dem Charisma der A 40 nicht entziehen. Sie schmiedete uns zusammen. Nach dem ersten skeptischen Abtasten der diversen Interessengruppen stellte sich bei allen Beteiligten das Gefühl ein, an einem einmaligen Projekt zu arbeiten. Einem Projekt allerdings, das uns auch einmalige Probleme bescherte. Genau dieser Umstand spornte uns an. Wir verabredeten, strikt lösungsorientiert vorzugehen.

Eine der wichtigsten Fragen drehte sich um das logistische Grundproblem: Wie kriegen wir das Mammutprojekt mit den Ausmaßen von 60 Kilometern so in den Griff, dass wir es Stück für Stück bewältigen können? Die Antwort gab uns das Ladevolumen der Schenker-LKWs. Wir gaben die Maße der Tische vor. Sie betrugen 220 x 50 cm. Somit war klar, wie viele Garnituren wir für einen Kilometer benötigten: genau 420. Daraufhin wurde die gesamte Strecke fortan in 1-km-Abschnitte portioniert. Wenn wir einen Kilometer planerisch unter Kontrolle haben, so der Plan, dann war dieser Musterkilometer auf alle weiteren 59 Kilometer übertragbar.

Aber grau ist alle Theorie. Leider stellte sich bei der ersten Stellprobe an der Messe Essen heraus, dass bei der von uns favorisierten Stückelung nur 360 Tische auf einen LKW passten. Die Konsequenz war unangenehm. Wir hätten weit mehr LKWs für den Transport der Tische benötigt als geplant. Da half nur eins: Alle Planungen mussten in der Praxis ausprobiert werden. Die Anstrengung lohnte sich. Die Experten von Schenker fanden unter der Leitung von Udo Beyer eine Lösung, die vorgesehenen 420 Tische auf einen LKW zu laden.

Eine weitere Frage von Belang stellte uns der Tunnel in Essen. Reicht das Licht in der dunklen Röhre für Fahrradfahrer? Können die Steigungen in beiden Richtungen per Fahrrad bewältigt werden, ohne abzusteigen? Auf welches Tempo kommen Inlineskater, wenn sie aus Richtung Essen-Huttrop in den Tunnel einfahren? Fragen, die wir am Schreibtisch nicht beantworten konnten. Zum Glück bot uns ein Sanierungstermin von Straßen.NRW mit Sperrung des Essener Tunnels in Fahrrichtung Dortmund einen willkommenen Anlass, die Fragen einem Praxistest zu unterziehen. Dafür stand mir ein Klapprad unseres kaufmännischen Direktors aus den 70er-Jahren zur Verfügung. Eine Mitarbeiterin der Agentur TAS, Steffi Dräger, meldete sich freiwillig für den Inlineskate-Stunt. So überprüften wir gegen 21 Uhr an einem Novemberabend 2009 die Befahrbarkeit des Tunnels.

Das Ergebnis war eindeutig. Das Klapprad aus den 70er-Jahren erwies sich im 21. Jahrhundert als schlechtes Fortbewegungsmittel. Die Steigung war mit meinen Kräften gerade zu schaffen. Steffi Dräger meisterte hingegen die Teststrecke locker. Wenn man von den leuchtenden Augen unserer Probandin ausging, dann konnten die Inlineskater viel Spaß erwarten. Hell genug war der Tunnel auch. Allerdings: Nicht alles lief so glatt. Wir entdeckten viele technische Einbauten, die am Tag der Veranstaltung besonders geschützt werden mussten. Dafür hatte unser

Budget ordentlich zu bluten. So kam ein Ausgabenposten zum anderen.

Von Anfang an stand fest, dass wir eine Agentur für die Planung und Durchführung des Projekts benötigten. Da wir unsere Ausgaben nach den Vergaberichtlinien des Landes Nordrhein-Westfalen bestritten, blieb uns keine andere Wahl, als die Agentur über ein europäisches Ausschreibungsverfahren zu suchen. Im Kampf Agentur gegen Agentur setzte sich schließlich TAS unter der Leitung von Sonja Peger und Gundula Beck durch, und zwar souverän. „Entscheidend is auf'm Platz", sagte der Fußball-Philosoph Adi Preissler. So war es zum Glück auch mit TAS. Die Agentur war nicht nur in der Theorie spitze, sondern ebenfalls in der Praxis, und zwar mit Können und Leidenschaft.

TAS wartete gleich zu Beginn mit einem Kabinettstückchen auf. Bereits einen Monat nach der Beauftragung schaffte es die Agentur, das Internetportal auf den Weg zu bringen und gleich mit der ersten Verkaufsphase zu starten. Leicht war das nicht. Immerhin mussten für das Buchungssystem sämtliche Tische in den Plänen eingezeichnet werden. 23.004 Tische konnten theoretisch verbaut werden. Am 18. Juli 2009, genau ein Jahr vor dem Start des Projekts, sollte die Homepage um Punkt 12 Uhr online gehen. Gebannt saß das gesamte Team in einem Besprechungsraum der TAS. Einige zählten sogar den Countdown von zehn herunter. 12 Uhr! Und was passierte? Es passierte nichts! Weit länger als der Countdown dauerte es, bis wir die Fassung wiederfanden und angestrengt höflich nachfragten, was den Start vermasselt hatte. Hektische Telefonate! Nach zehn Minuten wurde Entwarnung geben. Der Andrang war zu groß gewesen. Der Server war schlicht und einfach unter der Last der Nachfragen zusammengebrochen. Eine schöne Panne, im wahrsten Sinne des Wortes. Einerseits war es ein holpriger Start, andererseits freuten Jürgen Fischer und ich uns

über das große Interesse aus der Bevölkerung. Das bestätigten auch die Zahlen: Auf die 2.010 Tische der ersten Verlosung kamen rund 6.000 Anmeldungen.

Die Arbeit schwoll nun bedrohlich an. Allein konnte ich der vielen Vorgänge nicht mehr Herr werden. Schließlich hatte ich auch noch andere Großprojekte zu organisieren. Hudeln durfte ich dabei nicht. Es stand nicht weniger als die Sicherheit der Besucher auf dem Spiel. Eine solche Vorgabe konnte mich als Verantwortlichen durchaus um den Schlaf bringen. Dann endlich gab es Entlastung. Daniela Böing und Jens Here rückten an. Beide kamen von der Hochtief AG und waren RUHR.2010 bis zum Ende der Kulturhauptstadt überstellt worden. Mit ihrer Riesenerfahrung gingen sie das Monsterprojekt A 40 systematisch an: Fortan fand ich jeden Abend nach der Rückkehr auf dem Schreibtisch immer einen Riesen-Stapel Papiere vor: Protokolle, E-Mails, Projektvorschläge oder PowerPoint-Präsentationen. Die Dokumente musste ich mit Datum und Unterschrift als gelesen kennzeichnen. Darüber hinaus wurde meine Einschätzung und Anweisung verlangt. Dem unnachgiebigen Diktat folgte ich gerne. Es gab mir ein Gefühl der Sicherheit und die Genugtuung, wenigstens teilweise die übrigen Projekte von RUHR.2010 betreuen zu können. Mit TAS und meinem Team konnten wir diesem „Fetisch für Logistiker", wie ich das Mammutprojekt A 40 liebevoll nannte, gerecht werden.

Bei allen Sorgfaltspflichten in den Planungen kamen bei den Stell- und Generalproben neue Erkenntnisse heraus, die uns vor weitere unerwartete Herausforderungen stellten. So konnten wir bei der ersten Stellprobe zwar eindrucksvoll beweisen, dass das Zusammenspiel der Gewerke Transport (Schenker) und Aufbau (THW) bestens funktionierte; bloß die Strecke stimmte nicht. Wir hatten Tische für 1,1 Kilometer verladen, wollten 1 Kilometer stellen und hatten nach 930 Metern alles verbaut. Der Teufel lag im Detail. Leider hatte sich unser Messsystem, das die unterschiedlichen Abstände zwischen den Tischgruppen von 2 bis 6,50 Metern anzeigen sollte, als untauglich erwiesen. Für den Ernstfall wussten wir nun Bescheid. Die Technik wurde durch den Menschen ersetzt. Eine Zusatzperson achtete nun auf die richtigen Abstände. Immerhin war die Aufstellung in erwünschter Zeit erfolgt.

Beim Abbau konnte das Tempo leider nicht beibehalten werden. Nachdem die Presse und alle Interessierten das Feld geräumt hatten, fing das große Einpacken an. Zwei Stunden sollte der Abbau dauern, es wurden über 3,5 Stunden. Das Sichern der Tische auf den Paletten dauerte länger als erwartet. Als Konsequenz mussten wir doppelt so viele Gabelstapler samt Fahrer und Ladungssicherer vorsehen. Das ging wieder ins Geld. Aber ohne diese Maßnahmen wäre es nicht möglich gewesen, den straffen Zeitplan für den Abbau zu erfüllen. Der kaufmännische Direktor Ronald Seeliger wurde in diesen Tagen samt Budget mein besonderer Freund. Dank seines strikten Regimes blieb das Projekt „Still-Leben" im Rahmen der Kalkulation. Hat man bei Projekten dieser Größenordnung und Unwägbarkeiten auch nicht immer!

Die Komplexität bei der Generalprobe war im Vergleich zum Aufgalopp an der Messe um ein Vielfaches höher. Was ist mit den Tischen, den Bänken, mit EDEKA, dem Strom, den Absperrungen, Toiletten, Beschilderungen, Sanitätsdiensten, der Sicherheit und der Entsorgung? Alle diese Elemente mussten koordiniert auf die Strecke gebracht werden – und das in Originalzeiten! Doch wir ließen uns nicht schrecken. Also ab nach Jüchen/Grevenbroich auf die A 540 und beobachten! Der Musterkilometer wurde aufgebaut Wir experimentierten mit verschiedenen Beschilderungssystemen, von denen sich alle als untauglich erwiesen. C'est la vie! Die Absprachen zwischen den Gewerken waren befriedigend, die Sperrmaßnahmen hingegen überarbeitungswür-

dig. Alles in allem hatte sich die Generalprobe gelohnt. Wir waren um wertvolle Erfahrungen reicher. Die Planungen für die Gewerke sahen wir auf dem richtigen Weg, die Kommunikation untereinander musste allerdings überarbeitet werden. Aber dafür hatten wir ja geprobt.

Schließlich fanden auch die Proben ihr Ende. Es wurde ernst. Am 12. Juli bezogen wir unser Lagezentrum bei der Feuerwehr Essen. Am Samstagmorgen um 7 Uhr sollte der Marathon anfangen, der für uns alle erst am Montagmittag vorbei war. Viele hübsche Begebenheiten erlebte ich, aber ein großer Traum blieb mir verwehrt. Ich hätte „Still-Leben Ruhrschnellweg" gerne auf der Autobahn verbracht. Wenigstens ein bisschen. Aber selbst dieses kurze Glück war mir nicht vergönnt. Trotzdem hatte ich keinen Grund zu klagen. Unvergessen der Funkspruch um 12:30 Uhr aus dem Bereich Mülheim an der Ruhr, der besagte, dass ein Kreuzurinal überzulaufen drohte. Innerhalb von drei Stunden 450 Liter abzulassen, das war Champions League. Chapeau, meine Herren aus der Metropole Ruhr.

Kurz davor hatten wir gemeinsam mit der Polizei und der Feuerwehr beschließen müssen, den Zugang zur Strecke zu sperren. Der Andrang war zu groß geworden. Wir waren bestens im Bilde. Der endlose Nachrichtenstrom auf unserer Twitterwall lieferte den aktuellen Stand der Dinge auf der Strecke. Das ständige Kommen und Gehen ließ sich zudem auf den Bildern verfolgen, die der Polizeihubschrauber lieferte. So konnten wir die Auf- und Abfahrten als Zugänge je nach Lage wie Ventile öffnen und schließen.

„Wie kriegen wir die vielen hunderttausend Menschen bloß von der Bahn, wenn um 17 Uhr Schluss ist", fragte ich mich. Mein Puls ging langsam hoch und blieb oben. Aber aus Freude! Als zum Gehen gemahnt wurde, gab es keine Proteste. Die Besucher verließen „ihre A 40" in bester Stimmung und bester Ordnung. Diese Disziplin hatte ich in meinen kühnsten Träumen

nicht erwartet. Die Ruhris schaffen es immer noch, mich zu überraschen.

Nach Mitternacht, um 2 Uhr, musste ich über die A 40 zur Autobahnmeisterei nach Duisburg fahren, um den Autobahnabschnitt gemeinsam mit Straßen.NRW abzunehmen. Gesagt, getan. Ich fuhr mit meinem Fahrer Ulrich Telke in Essen-Zentrum auf die A 40, um schon nach 100 Metern von der Polizei angehalten zu werden. Was wir hier zu suchen hätten, wurden wir gefragt. Dank vieler Ausweise konnten wir die Ordnungshüter von der Rechtmäßigkeit unseres Verhaltens überzeugen. Weswegen hatten die Polizisten uns gestoppt? Es war das österreichische Kennzeichen unseres Leihwagens, das uns verdächtig gemacht hatte. Später bei der Abnahme sagte mir der zuständige Autobahnmeister Jürgen Busche, während wir einige Meter auf der menschenleeren A 40 spazierengingen: „Wahnsinn, hier werde ich nie wieder stehen können. Großartig, dass ich das erleben darf!"

Nach der Abnahme, die sowohl in Dortmund bei Jürgen Fischer und Autobahnmeister Kuchenbecker als auch bei uns in Essen picobello über die Bühne ging, war es geschafft. Als Belohnung leisteten wir uns einen Trip auf der Strecke von Duisburg nach Essen über die autoleere A 40. Bei der Polizei hatte ich vorsichtshalber die entsprechende Genehmigung für mein Wiener Gefährt erbeten. Beide Fahrbahnen lagen im Dunkeln. Vor wenigen Stunden waren hier noch hunderttausende Menschen gewesen. Nun rollten wir alleine über die Autobahn, erfüllt mit Dankbarkeit, dass alles gut gegangen war! Der Diva A 40 wird die Huldigung durch die Millionen gefallen haben, ging mir durch den Kopf. Im Scheinwerferkegel konnten wir die abertausend mit Kreide gemalten Nachrichten der Besucher lesen. Das Bild werde ich im Kopf behalten; vor allem, wenn ich wieder einmal im obligatorischen Stau auf der A 40 stecke. Das heißt täglich. Wie schön!

TAS Emotional Marketing GmbH

„Sagt mal – was macht ihr denn da eigentlich die ganze Zeit? Wollt ihr nicht einfach nur die Autobahn kurz sperren und ein paar Biertische aufstellen?"

Das war für uns als Organisationsteam eine der meistgestellten Fragen – von unseren Familien, Freunden, aber auch manchmal aus den eigenen Agenturreihen. Ganz ehrlich: Das Projekt „Still-Leben Ruhrschnellweg" war selbst für die erfahrensten Event- und Organisations- spezialisten eine echte Herausforderung.

In knapp einem Jahr musste das Still-Leben mit Leben gefüllt werden: organisatorisch und planerisch, aber vor allem auch kommunikativ. Ein bisher unbekanntes Veranstaltungsformat sollte auf einer für Veranstaltungen bisher noch unbekannten Fläche als eines der größten Leuchtturmprojekte des Kulturhauptstadtjahres realisiert werden.

Gestemmt werden konnte diese Herausforde- rung nur mit einem entsprechend erfahrenen und professionellen Team.

Thomas Siepmann, Agenturchef und Vollblut- Ruhri, verstand von Anfang an die historische Dimension des Projekts und machte die Bahn frei für ein Team aus Kreativen und Machern von TAS und RGB, das nicht nur an den Aufgaben wuchs, sondern auch mit den Anforderungen. Konkret gab es drei Aufgabenschwerpunkte: die Organisation und logistische Planung rund um die A 40, die Kommunikation mit den Akteuren, Besuchern und der Presse, vor allem aber die Koordination der Menschen, die dieses Projekt hinter den Kulissen gedacht und gemacht haben: Am Veranstaltungstag waren das immerhin 11.700 Personen, im Vorfeld noch einige mehr.

Zentrales Element bei allen Planungsgruppen und Gremien war aber natürlich die A 40 selbst,

und genau hier gab es auch zu klären, welche Bedingungen existieren bzw. erst geschaffen werden mussten, um eine Autobahn zu einer Veranstaltungsfläche zu machen. Wichtige Fragen galt es grundlegend zu klären, z.B.: Gilt die StVO oder gilt sie nicht? Wie kann der Verkehr am ersten Ferienwochenende in NRW umgeleitet werden? Wo brauchen wir überall das Zeichen 101 (Warn-Verkehrszeichen mit dem Ausrufungszeichen), wo müssen wir die Spardose aufstellen (das rote Warnschild am Ende der Einbahnstraße), wie sichern wir die Blitzanlagen, damit sie am Montag wieder fröhlich blitzen? Wer kümmert sich um das Begleitgrün, die Seiten- und Mittelstreifen der Autobahn, in denen so wunderbar Müll versinken kann, wenn's denn nicht ganz kurz geschnitten ist?

Wie können wir die Maut-Erfassungsanlagen davon überzeugen, dass auch Sonntagnacht LKWs auf der A 40 fahren dürfen? Kommen die Menschen mit dem MIV (motorisierter Individualverkehr) oder mit dem ÖPNV (öffentli- cher Personennahverkehr)? Wie machen wir das mit den Baustellen? Wie sichern wir Brücken und Geländer, damit keine Kinder herunterfallen? Wie viele Securitykräfte brauchen wir? Wie schaffen wir eine Versor- gung der Menschen auf der Strecke mit Speisen, Getränken, Sanitär- und Sanitätsein- richtungen, Fundbüros etc.? Wie schaffen wir es, dass sich die Menschen auch auf der Strecke zurechtfinden, ihre Auffahrt und ihren Tisch finden und auch wieder zurück? Müssen

wir eigentlich auch mit der Anwesenheit der MP (Ministerpräsidentin) rechnen?

Wie gestalten wir die Mobilitätsspur? Brau- chen wir Einbahnstraßen, Leitsysteme, oder wie funktioniert das Miteinander zwischen Fahrrad- fahrern und Inlineskatern, zwischen Sportlern und Genussfahrern, deren Fahrrad nach ewigen Zeiten erstmals wieder Tageslicht sieht?

Und wie erfahren die Menschen eigentlich von der Veranstaltung? Wie können sie auch schon im Vorfeld teilhaben? Wie können sie sich und ihre Kreativität einbringen? Wie verteilen wir die Tickets fair? Wie schaffen wir es, dass die Menschen selbst zu Akteuren werden und möglichst viele Interessenten auch mitmachen können?

Wie können wir das Internet nutzen, um alle Informationen weitergeben zu können, die wir selbst erst noch entwickeln müssen, weil sie zu Projektbeginn noch gar nicht feststanden? Und wann, wo und wie erklären wir eigentlich unseren eigenen Leuten, was zu tun ist?

Fragen über Fragen – und das ist wirklich nur ein winziger Auszug. Für uns war es ein gigan- tisches Projekt, ein Projekt, für das es keine Bilder oder Vorbilder gab. Jetzt gibt es sie. Niemand, der dabei gewesen ist, wird vergessen, wie schön es am 18. Juli 2010 auf der A 40 war!

Ach ja: Unter der Stabsführung von RUHR.2010 haben wir übrigens auf alle Fragen auch Antwor- ten gefunden. Am Ende auch darauf, wie man eine Autobahn über 60 Kilometer für 31 Stunden sperrt und die längste Tafel der Welt in Form von über 22.000 Biertischen „mal eben" auf- und auch wieder abbaut …

DIE HELFER

Streckensicherung, Auf- und Abbau der Tische, Gefahrenabwehr, Information, Erste Hilfe und Sanitätsdienst, Überwachung, Entsorgung, Reinigung … Bei den vielfältigen und logistisch anspruchsvollen Aufgaben haben Menschen angefasst, die mit ihrem Können und mit viel Herzblut dazu beigetragen haben, „Still-Leben Ruhrschnellweg" für alle Besucher zu einem einzigartigen und unvergesslichen Fest der Alltagskulturen zu machen. „Gemeinsam für die Sache", das war das Motto des Tages – und viel Spaß war auch dabei!

Die Helfer

Kilometer
62,0 – 63,0

Duisburg
-Häfen
-Ruhrort
-Hochfeld

Die Helfer

Die Helfer

Die Helfer

Die Helfer

Oliver Scheytt

Wie die Wirklichkeit den Traum überflügelt

Es kann nur ein Traum sein. Ich fliege über eine Autobahn ohne Autos. Ein langes Band von Tischen und Bänken im gleißenden Strahlen der Morgensonne. Unmöglich real. Hier und da eine kleine Gruppe von Menschen beim Aufbau von Zelten, Schirmen oder Aktionsflächen. Vereinzelte Radfahrer auf der Strecke. Wie kommen die denn dahin? Dieser Hubschrauberflug muss ein Traum sein. Die Stadtlandschaft ist so grün. Die Skyline sieht von oben aus wie eine Modelleisenbahn-Landschaft mit ihren Kirchen und Masten, den Zechentürmen und Stahlwerken. Wie oft hatten Bilder dieser Bauwerke meine Vorträge begleitet. War da nicht eben noch der Essener Stadtgarten mit Hochhauskulisse, Aalto-Theater und dem kleinen gelben Häuschen der RUHR.2010 GmbH zu sehen? Schon verflogen.

Neun Jahre Vorbereitung der Kulturhauptstadt Europas und jetzt so ein Tag – alles wie im Flug oder doch im Traum? „Boa! Is dat wunderschön! Aber nicht in echt!", könnte Frank Goosen jetzt sein „Boa. Schön is dat nich. Aber meins!" abwandeln. Ja, das kann doch nur ein Traum sein. Hier in Duisburg kommt alles zusammen: Das Wasser, der Hafen, die Straßen, das Grün und die Industrie. Wir drehen eine Kurve am Rhein zurück nach Dortmund mit mir auf dem Platz des Copiloten. Heute kommen wirklich alle auf einer Autobahn zusammen – denke ich … oder träume ich noch?

Ich erinnere mich an unsere ersten Überlegungen und meine spontane Reaktion auf diese verrückte Projektidee: Von A 40-Sperrungen war in meinen fünf Jahrzehnten Ruhrgebietsleben immer wieder die Rede. Beileibe nicht nur im Verkehrsfunk, sondern etwa auch mit Blick auf

einen A 40-Marathon. Und dann war da noch die Erinnerung an die autofreien Sonntage im Jahr 1973. Eher eine trübe Erinnerung, in die sich auch die Bilder der Smogalarme 1979 und 1985 mischen, als Autofreiheit in Innenstädten einiger Ruhrstädte angeordnet wurde. Hatte zwar auch was. Und das Bild passte zum Klischee: Das Ruhrgebiet im schwermetallgeschwängerten Dunst auslaufender Wirtschaftswunderjahre. Wie anders sieht es heute aus …

Eine singende Gemeinschaft empfängt uns auf der B 1 in Dortmund mit „Glück auf, der Steiger kommt" zusammen mit der frischgebackenen Ministerpräsidentin und dem strahlenden Oberbürgermeister. Alle gratulieren sich und allen anderen. Ich erinnere mich, wie die vormalige Stadtspitze im Jahr 2003 noch äußerst skeptisch war, als sich „Essen für das Ruhrgebiet" zur Bewerbung um den Kulturhauptstadttitel aufmachte. „Für solche Scherze hat Dortmund kein Geld", hieß es damals in der Tagespresse. Aber jetzt haben sie ihr U, wahrhaftig kein Scherz, sondern eine neue Attraktion, vom Wandel der Bier- und Stahl- zur Kulturmetropole kündend. In das nagelneue Besucherzentrum am U, in dessen Krone Adolf Winkelmann seinen Taubenvater stündlich grüßen lässt, strömen die Touristen inzwischen tagtäglich. Doch hier und heute morgen strömt reichlich Dortmunder Bier in die Kehlen der Menschen auf der B 1. Die Fotografen drängeln, ringen um die beste Perspektive auf das Still-Leben mit Chor, Ministerpräsidentin, Oberbürgermeister und vielen anderen Akteuren.

„Ich hab riesigen Spaß. Ihr habt ja wirklich alle Menschen angesprochen", sagt Hannelore Kraft,

als wir uns wieder in die Lüfte schwingen, um die gesamte Strecke von Dortmund nach Duisburg im Flug zu erobern. Der Wandel der letzten zwei Jahrzehnte ist auch von oben offensichtlich und für mich in Essen, wo ich aufgewachsen bin, ganz plastisch: das Welterbe Zollverein mit dem Ruhr Museum im Norden, das neue ThyssenKrupp Quartier, das neue Universitätsviertel, der neu gestaltete Burgplatz mit Lichtburg, VHS und Alter Synagoge sowie schließlich das erweiterte Museum Folkwang. In meinen knappen Erläuterungen für die Ministerpräsidentin kann ich meinen Stolz auf die Entwicklung meiner Heimatstadt nicht ganz verbergen, doch da sind wir schon über ihrem Wohnort Mülheim an der Ruhr. Hannelore Kraft zeigt uns, wie nah ihr Wohnhaus zum Ruhrschnellweg liegt. „Die A 40 hat auch in meinem Leben immer eine bedeutende Rolle gespielt", sagt sie. „Dieser Tag wird mit Sicherheit auf ewig im Gedächtnis bleiben." Um dieses kollektive Gedächtnis geht es uns im Kulturhauptstadtprogramm. Nicht nur um neue Bauten und Infrastrukturen, sondern vor allem um ein neues Bewusstsein und Selbstbewusstsein.

Mit dem Satz „Wir setzen auf Nachhaltigkeit" haben wir immer beschrieben, dass wir auf dauerhafte Wirkungen von RUHR.2010 abzielen. Wir wollen keine Kulturhauptstadt nach dem Motto „Event, Event, ein Lichtlein brennt" gestalten. Doch „Still-Leben Ruhrschnellweg" ist nicht irgendein „Event", irgendein Ereignis, das man im Vorübergehen wahrnimmt. Dieser eine Tag wird zwar nicht das Leben der Menschen grundsätzlich verändern. Aber alle, die dabei waren, werden ihre Geschichte davon in die große neue Erzählung zur Kulturmetropole Ruhr einbringen. Jeder vermittelt so einen jeweils ganz eigenen Blick vom alten neuen Mythos Ruhr. Und aus diesen vielen Einzelgeschichten, die sicher auch noch Jahre später zu hören sein werden, entsteht ein Gesamtmosaik des gewandelten Ruhrgebiets.

Dies ist auch das Charakteristikum von SchachtZeichen: 311 große gelbe Ballone markierten in 80 Metern Höhe an zehn Tagen Ende Mai ehemalige Zechenstandorte. Überall wurde nicht nur die Historie wieder belebt, sondern es wurden sichtbare und erlebbare Zeichen neuen Lebens und zukünftiger Entwicklungen auf den ehemaligen Zechenarealen gesetzt. Und es kamen nicht nur die „Ballonpaten" und tausende freiwillige Helfer, sondern Nachbarn und Besucher, um all das nachzuvollziehen, was diese Standorte früher und heute ausmacht. Jetzt sehen wir von oben im Abschnitt Mülheim-Winkhausen zehn gelbe SchachtZeichen-Ballone leuchtend in der Sonne mitten über der A 40 schweben. Das Team SchachtZeichen hatte am Ende des Projekts im Mai einige Ballone vom Verkauf zurückgehalten und jetzt mit den freiwilligen SchachtZeichen-Helfern auf einem Streckenabschnitt von „Still-Leben" als Zeichen der Erinnerung an dieses Kulturhauptstadtprojekt aufgelassen. Die SchachtZeichen-Enthusiasten waren sofort mit Feuer und Flamme dabei, obgleich sie ihre Freizeit für das Projekt schon sehr strapaziert hatten. Mit SchachtZeichen startete im Mai die Reihe der „drei großen S", wie ich sie einmal genannt habe. Es folgte im Juni !SING – DAY OF SONG und jetzt „Still-Leben Ruhrschnellweg". Diese Projekte haben die Identität des Ruhrgebiets und der Ruhris angesprochen und gefragt: Wo kommen wir her? Was macht uns aus? Was tragen wir in die Zukunft? Diese identitätsstiftenden Großereignisse sind wesentlich für die Wirkung der Kulturhauptstadt Europas vor allem bei den Bewohnern der Metropole Ruhr.

Nachdem wir an der Auffahrt Duisburg-Häfen mitten auf der A 40 gelandet sind, werden wir mit großem Hallo von hunderten schon leicht ungeduldigen Radfahrern empfangen. Welch buntes Bild: Mountainbikes und Rennräder, Rikschas und Tandems, Dreiräder und Fahrräder mit Stützrädern, Radanhänger, in denen nicht nur Kinder, auch Hunde, Bierkästen, Proviant und viele andere Still-Leben-Utensilien transportiert werden. Mittendrin im Fahrradpulk der neue Wirtschafts- und Verkehrsminister Harry Voigtsberger und an seiner Seite der Duisburger Kulturdezernent Karl Janssen. Unser Projektsponsor Barmer GEK stellt uns die Fahrräder zur Verfügung. Als wir gemeinsam in die Pedale treten, sagt Harry Voigtsberger zu mir: „Am dritten Tag der Amtszeit gleich mit dem Fahrrad über die Autobahn zu fahren. Das hat noch kein Verkehrsminister vor mir geschafft." „Und hundert Bräute auf der Autobahn gab es auch noch nie", antworte ich. Die werden uns gleich auf der anderen Spur entgegenlaufen.

Heute ist Geisterfahren mit dem Fahrrad erlaubt. Aber die uns da in weißen Brautkleidern entgegenkommen, sehen verboten toll aus: „Made in Marxloh" ist auf großen gelben Schildern zu lesen. 18 Brautmodengeschäfte gibt es in Marxloh. Eine der Bräute hatte sich bei uns gemeldet, ob sie Fritz Pleitgen einen Heiratsantrag machen dürfe. Sie habe sich zwar nicht in ihn, aber bei der Anprobe gleich in ihr Brautkleid verliebt. Den jungen Damen war in Aussicht gestellt worden, dass sie ihr Brautkleid behalten dürften, wenn sie sich bei „Still-Leben" verloben würden. Der Heiratsantrag bliebe für Fritz Pleitgen folgenlos, stellte die Heiratsantragswillige bei der Anfrage klar, denn sie werde keinen Anspruch darauf erheben, dass er sie nach der Verlobung heiratet. Sie wolle nur das Kleid „Made in Marxloh" gerne behalten, für den Fall eines späteren Falles. Es bleibt wohl ungeklärt, warum der Heiratsantrag Fritz Pleitgen letztlich doch nicht erreicht hat.

Immer wieder kommt mir an diesem Tag die T-Shirt Aufschrift „A 40. WOANDERS IS AUCH SCHEISSE." entgegen. Eine ganz besondere, schnoddrige Liebeserklärung ist das. Eine Form der Identifikation mit der Heimat, die es so nur hier gibt. Kein Münchner oder Hamburger würde so einen Spruch ertragen, geschweige denn auf der Brust mit sich herumtragen.

In Essen-Frohnhausen trifft sich unser Aufsichtsrat am RUHR.2010-Tisch. Einer schicker als der andere in seiner Freizeitkluft. Ganz besonders stilecht erscheint Bundestagspräsident Norbert Lammert mit Still-Leben-Kappe auf dem Kopf.

Bei der Entwicklung des Kulturhauptstadtprogramms ging es uns immer um die Frage, wie die Menschen hier leben und arbeiten, um ihre Lebensweise. Und hunderte Male habe ich den Satz wiederholt: „Wir wollen Europa unsere Geschichte erzählen." Doch wer ist „Wir"? RUHR.2010? Das Ruhrgebiet? Die Städte? Wer ist das? Heute, an diesem sonnigen Sonntag des 18. Juli, wird dieses „Wir" ganz anders sichtbar, erlebbar und frappierend real. Es ist ein verwandeltes Wir, eine Gemeinschaft kultureller Vielfalt, das hier in Erscheinung tritt als „Still-Leben Ruhrschnellweg". Hunderte von Künstlern und Kulturschaffenden, Kultureinrichtungen und Kulturinitiativen, die 53 Städte und vier Landkreise hatten wir eingeladen, sich an der Selbstvergewisserung im Kulturhauptstadtjahr zu beteiligen.

Auf dieser Kulturstrecke wird jetzt wirklich bewusst, was diese Kulturhauptstadt, was RUHR.2010 ausmacht: Es sind die Menschen, die hier leben und arbeiten. Doch in der Realität ist alles noch intensiver und traumhafter, als es alle Bildanimationen und Reden je ausgemalt hatten. Unser kulturpolitisches Credo lautet: Wir wollen eine Kulturhauptstadt für alle und von allen sein. Heute wird es eingelöst. Alle bringen sich ein in ein großes Wir. Es ist nicht das „Wir" der Oberbürgermeister, Kommunalvertretungen, Verbandsfunktionäre, Kammerpräsidenten, Universitätssenate, Stiftungskuratorien, Vereinsvorstände, Aufsichtsräte, Kuratorien, Charityclubs, mit denen RUHR.2010 über die Jahre in allen denkbaren Zusammensetzungen und Schattierungen zu tun hatte. An diesem Tag geht es vielmehr um die Gemeinschaft aller Ruhris. Sie ist massiv, aber auch filigran. Sie ist fröhlich und zugleich ernsthaft. Sie ist spontan, aber ebenso diszipliniert. Die realen Bilder, die heute entstehen, sprechen die ganz eigene Sprache einer Solidarität des Augenblicks, die über den Moment dieses einzigartigen Tages weit hinausreicht. Jeder und jede ist bei „Still-Leben" Gast und Gastgeber zugleich. Gegenseitiger Respekt durchzieht diese 60 Kilometer lange Strecke kultureller Vielfalt. Das ist eine Demonstration für eine „Kultur der Anerkennung".

Im Pressezentrum an der Wickenburgbrücke herrscht bei unserer Pressekonferenz um 13 Uhr muntere Stimmung. Wir können mitteilen, dass bis dahin alles sehr friedlich und mit vielen besonderen Vorkommnissen voller Esprit, Fantasie und Fröhlichkeit verlaufen ist. Dass weit mehr Menschen gekommen sind als erwartet, trägt erst recht zur Extravaganz dieses Ereignisses bei. Insofern wird der Tag insgesamt als ein besonderes Vorkommnis in die Geschichte eingehen, wie es der Vertreter einer Genehmigungsbehörde in einem der zahlreichen Planungsgespräche vorausgeahnt hatte: „Das Projekt ist unmöglich, und gerade deshalb wollen wir es machen, weil es zur Bevölkerung passt."

Nach der Pressekonferenz wandere ich zurück zur A 40. Der Andrang hält unvermindert an. Die Zugänge müssen zeitweise geschlossen werden, denn die Autobahn ist proppenvoll. Mich beeindruckt ebenso die Geduld der Wartenden wie die Konditionsstärke und Freundlichkeit der Helfer, die vor dem quergestellten blauen THW-Fahrzeug die ständig wechselnden Situationen erklären. Die Abstimmung zwischen der Leitzentrale mit Feuerwehr und Polizei, dem THW und den Volunteers per Funk funktioniert offensichtlich

hervorragend. Mir schießt durch den Kopf, wie wichtig die zahlreichen Schulungen aller Beteiligten waren, die wir schon Wochen vorher zusammen mit unserer Agentur TAS mit den THW-Einsatzleitern, den Abschnittskoordinatoren, für die Volunteers und die THW-Helfer durchgeführt haben. Unmittelbar wird mir bei aller Euphorie über das Erlebnis des „Still-Lebens" die Verantwortung bewusst, die wir als Veranstalter für diese inzwischen größte Menschenansammlung der letzten Jahrzehnte haben. Erleichtert bin ich, dass es bisher keine Meldung von Polizei, Feuerwehr oder THW über einen nennenswerten Unfall oder einer gravierenden Störung gibt. Aber das Abenteuer ist ja längst noch nicht an seinem Ende angelangt …

Nach dem Passieren der Eingangsbarriere versuche ich, mich auf der Autobahn Richtung Essen-Mitte zu bewegen. Immer wieder werde ich eingeladen, mitzusingen, mitzutanzen, mitzumusizieren, mitzuspielen, mitzumalen und beim Theaterspiel mitzumachen. Sogar Akrobatik wird mir abverlangt. Wenn ich allen Einladungen folgte, würde ich mit der Figur eines Sumo-Ringers die Bahn verlassen. Es gibt so viele Attraktionen und Begegnungen, dass ich – gefühlt – nur fünf Meter pro Minute vorankomme. Ein Wechselbad der Eindrücke: ein Tisch mit einer Vereinigung von BVB und Schalke 04, ein evangelischer Posaunenchor, Mormonen, Strickkränzchen, Kegelclubs, Firmen mit Malaktionen, Schulen mit Umweltinitiativen und, und, und … Der Gothik-Tisch mit rabenschwarzer Tischdecke und den in lange schwarze Kutten gekleideten, überall gepiercten, unbeweglich in sengender Sonne sitzenden Jugendlichen bleibt unvergessen.

Ein Panoptikum der Kulturen ist das: Laufkultur, Clubkultur, Vereinskultur, Tischkultur, Essenskultur, Biokultur, Musikkultur … Als Kulturmanager hat man permanent auf kulturelle Vielfalt einzugehen, Programme für wechselnde Minderheiten zu kreieren und zu realisieren. Doch heute sind unzählige Minderheiten zu einer kilometerlangen

Gesamtheit geworden. Die Künstlergruppe B 1 entwickelte zwar vor Jahrzehnten schon Ideen zu gezielten Interventionen entlang des Ruhrschnellwegs. Doch zielten diese nicht darauf ab, möglichst viele Menschen zu Akteuren eines Kunst- und Kulturprojekts zu machen. Ein Zeichen im Sinne der „Kultur für alle und von allen" zu setzen, das war so konsequent noch nicht gedacht und realisiert worden.

Ich komme zu den Tischen unseres „Offiziellen Rechtsberaters" der Kanzlei Schmidt, von der Osten & Huber. Hunderte wasserdichter Verträge haben wir diesen Rechtsexperten zu verdanken, doch heute mehr als dreihundert Gäste, die mitfeiern, an einem A 40-Puzzle werkeln und die Atmosphäre genießen. Eine ausgelassene Stimmung der Gruppe mit vielen alteingesessenen Essener Familien und Vorständen bedeutender Unternehmen empfängt mich. Drei Künstler der berühmten „Leipziger Schule" malen vor Ort Stillleben vom Ruhrschnellweg, die später zugunsten von Kindern aus sozial schwierigen Verhältnissen versteigert werden. Die Spendenbereitschaft ist groß. 10.000 Euro kommen hier zusammen.

An den Tischen der Mercator-Stiftung geben die Mitarbeiterinnen und Mitarbeiter Informationen zu den Schwerpunkten ihrer Arbeit: kulturelle Bildung, internationale Kultur- und Wissenschaftsförderung sowie Klimaschutz. Das eigene Kulturprogramm, das die Stiftung auf die Autobahn-Bühne mitgebracht hat, ist gerade in vollem Gange. Jugendliche inszenieren ein Theaterstück. Der Fußgängerverkehr staut sich, weil so viele Besucher das Theaterspiel ansehen wollen. Trotz des allgemeinen Trubels wird die Theater-Aktion mit größter Konzentration verfolgt.

Meinen Plan, durch den langen A 40-Tunnel weitere drei Kilometer nach Huttrop zu laufen, muss ich aufgeben. Wegen des niedrigen Bewegungstempos und einiger Staus vor allem bei den Kultur-Attraktionen und den EDEKA-Verkaufs-

Trucks, die stark umlagert sind, ist das zeitlich nicht zu schaffen.

Auch die Fahrradfahrer auf der anderen Spur kommen nur sehr langsam voran. Aus dem Tunnel ertönt permanent ein lautes Fahrradklingeln. Da hätte ich auch gerne mitgemacht. Ein Tag mit jeder Menge Erlebnissen – man hat so viel gesehen und noch mehr verpasst. Ich werde schon irgendwann jemanden treffen, der mitgeschellt hat und mir erzählen kann, wie das mittendrin so war …

Ich fahre mit dem Auto zur Anschlussstelle Essen-Frillendorf, denn dort will ich unbedingt noch bei Werner Meys vorbeischauen. An der Auffahrt zur A 40 in Essen-Frillendorf begrüßen mich viele Volunteers in der ihnen eigenen Freundlichkeit, die seit der Eröffnungsfeier im Januar auf Zollverein immer wieder beeindruckt. Alle haben einen Rucksack unseres Projektsponsors NOWEDA dabei. Er ist mit zahlreichen nützlichen Hilfs-, Nahrungs- und Genussmitteln gefüllt. Besonders auffällig ist eine Packung mit zahlreichen Zellstoffobjekten, die in unserem Büro zunächst für Schuheinlagen gehalten wurden, sich dann aber als Slipeinlagen entpuppten. Wir haben nicht nachgehalten, ob diese Verwechslungsgefahr sich bei den Einsätzen der Volunteers dann wirklich realisiert und womöglich noch weitergehende Komplikationen nach sich gezogen hat.

Werner Meys feiert mit seiner Frau zwei mal 60 und hat schwer aufgefahren. Ich gratuliere nicht nur zum Geburtstag, sondern übermittle vor allem unseren herzlichsten Dank. Er hat als Chef der Entsorgungsbetriebe Bochum sehr geholfen, dass uns die Kosten für die Reinigung der Autobahn nicht über den Kopf wuchsen.

Gerne hätte ich noch den Leitplanken-Schal gesehen. Zehn Seniorinnen und ein Quoten-Mann haben unter Leitung einer medizinisch-technischen Assistentin im Ruhestand einen langen Schmuckschal gestrickt, um die ungenierte Nacktheit der Leitplanken zumindest auf einem Teilstück geziemend zu verhüllen. Die Zeit dazu reicht leider

nicht, ich sehe aber noch eine der ersten deutschen Sambabands, die Gruppe Balanço, die ihr 20-jähriges Bestehen feiert und die Gäste zum Hüftschwung animiert. Nicht weit davon lädt die Grundstücksverwaltung Essen mit einem Kostümfundus aus den 50er-Jahren die Besucher ein, sich zu verkleiden und fotografieren zu lassen. An einem anderen Tisch gibt es ein Massage-Angebot. Wie die Deutsche Welle live berichtet, bilden sich stellenweise regelrechte Massageketten.

Bei der Fahrt zurück zum Pressezentrum an der Wickenburg passieren wir den Essener Hauptbahnhof. Offensichtlich klappt auch hier alles hervorragend. Mit dem Verkehrsverbund Rhein-Ruhr (VRR) hatten wir uns intensiv über Zusatzkosten, prognostizierte Besucherzahlen, Möglichkeiten zur Mitnahme von Fahrrädern in Zügen und Straßenbahnen ausgetauscht. Heute geben der VRR und die Verkehrsbetriebe der Städte nicht nur alles, sondern sie machen ihre Sache bestens. Unter diesen Bedingungen eine erstklassige Leistung eines Unternehmens, das nicht immer mit Lob überschüttet wird!

Bei der zweiten Pressekonferenz um 16 Uhr werden wir nach einer kuriosen Geschichte gefragt. Ich berichte: Für die einen war es die längste Kulturtafel der Welt, für die anderen eine einmalige Gelegenheit zu forschen. 70 Wissenschaftler der Biologischen Station Westliches Ruhrgebiet und des Bochumer Botanischen Vereins, der Ruhr-Universität Bochum, der Universität Duisburg-Essen, der Universität Köln, des Ruhr Museums und von verschiedenen Naturschutzverbänden erfassten den Pflanzenbestand entlang der gesperrten Fahrbahnen. Das erstaunliche Ergebnis: Mehr als 440 verschiedene Arten wachsen am Ruhrschnellweg, darunter seltene Pflanzen wie das Mauerglaskraut, das eigentlich eher in bäuerlicher Kulturlandschaft vorkommt, der Krähenfuß-Wegerich, der sonst eher an Nord- und Ostsee zu finden ist, das Schmalblättrige Greiskraut, das aus Südafrika kommt.

Der Allgemeine Deutsche Fahrradclub erläutert, dass es wohl die größte Zusammenkunft von Fahrradfahrern in der Geschichte der Bundesrepublik Deutschland war. Vielleicht ist das auch der Grund für das Chinesische Staatsfernsehen, in den Hauptnachrichten vom „Still-Leben" zu berichten! Aus aller Welt sind sie gekommen. 857 Journalistinnen und Journalisten hat unsere Pressestelle akkreditiert. Nicht mitgezählt sind dabei die vielen Lokaljournalisten aus den Städten der Metropole Ruhr. Ein großer Teil der Reporter ist noch auf der Strecke. Andere haben ihre Beiträge bereits abgesetzt. Am Ende werden es über zehntausend Artikel sein, und im Fernsehen kommen weltweit, von Feuerland bis zur Mongolei, sage und schreibe 225 Stunden Sendezeit zusammen. Die Strahlkraft der Kulturhauptstadt hat ihren Höhepunkt erreicht.

Beim Blick auf den Ruhrschnellweg nach 17 Uhr traue ich meinen Augen nicht. Alle helfen beim Aufräumen. Selbst Zigarettenkippen werden von der Fahrbahn aufgesammelt. Die Essener Entsorgungsbetriebe hatten mit sechzig Tonnen Müll gerechnet. Es wurden lediglich zehn Tonnen und die standen auch noch überwiegend in Säcken sortiert am Straßenrand. Nichts Schlimmes war passiert. Keine ernsthaften Sach- oder Personenschäden.

Wie oft habe ich mich gefragt: Wofür machst du diese Kulturhauptstadt, in einem neunjährigen Marathonlauf? Wie oft gab es Zweifel und immer wieder neue Probleme. Wie oft hatten wir von Bildern fantasiert, die wir gestalten, entdecken, aussenden wollten. Träume ich noch oder stellt sich nicht doch Gewissheit ein, dass der Weg richtig war? Wir sind angekommen. In der Realität. Und die hat die Fantasie überflügelt. 60 Kilometer Asphalt sind die Bühne für ein kolossales Bild vom Wandel mit ganz vielen einzelnen fantasievollen Bildern einer lebendigen kulturellen Vielfalt und einer gelebten Kultur der Anerkennung. Ein Tag wie noch nie und eine Metropole wie nirgendwo.

DIE STRECKE

Beim schönsten und größten Straßenfest der Welt waren Sie die Hauptdarsteller. Sie haben diese Rolle verantwortungsbewusst und mit Freude angenommen und meisterhaft gespielt. Mit Ihren vielen tausend Beiträgen und Aktionen haben Sie bewiesen, welcher Ideenreichtum in der Metropole Ruhr steckt. Friedfertig und rücksichtsvoll haben Sie gezeigt, dass die Maxime von der Kultur des Zusammenlebens in der Metropole Ruhr keine Worthülse ist. Sie waren fröhliche Gäste und gute Gastgeber zugleich. Alltagskultur zweispurig: „Bühne frei!"

Hannelore Kraft, Ministerpräsidentin des Landes NRW mit der Geschäftsführung von RUHR.2010

Dr. Wulf H. Bernotat (Vorstandsvorsitzender von E.ON, Vorsitzender des Aufsichtsrats RUHR.2010), Dr. Norbert Lammert (Bundestagspräsident, Mitglied des Aufsichtsrats RUHR.2010), Prof. Dr. Oliver Scheytt (Geschäftsführer RUHR.2010)

Duisburg

www.obstundgemuese.nl

schmack

Venlo
Moers
Duisburg
40 ↑

Köln
Hannover
Arnheim
↗ 3

Mülheim – Oberhausen

Essen

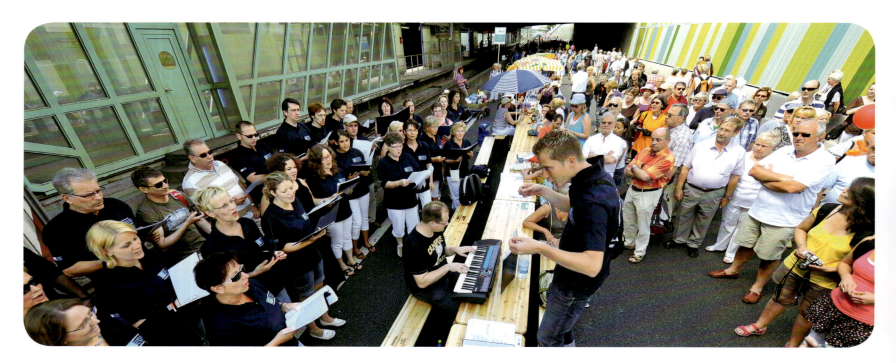

Essen

Essen

Essen

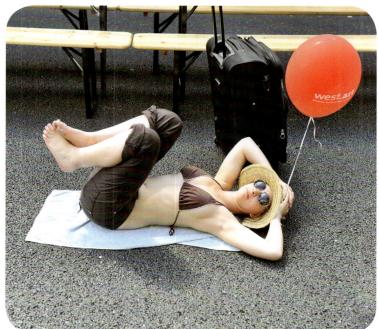

Essen

84

Essen

Essen

Essen

Essen

Essen

Essen

Essen

Essen

Essen

Essen

Gelsenkirchen – Bochum

RC
GELSENKIRCHEN
BUER

Gelsenkirchen – Bochum

Gelsenkirchen – Bochum

Gelsenkirchen – Bochum

Gelsenkirchen – Bochum

Mars
551.000.000 km

Gelsenkirchen – Bochum

Gelsenkirchen – Bochum

Gelsenkirchen – Bochum

Gelsenkirchen – Bochum

Dortmund

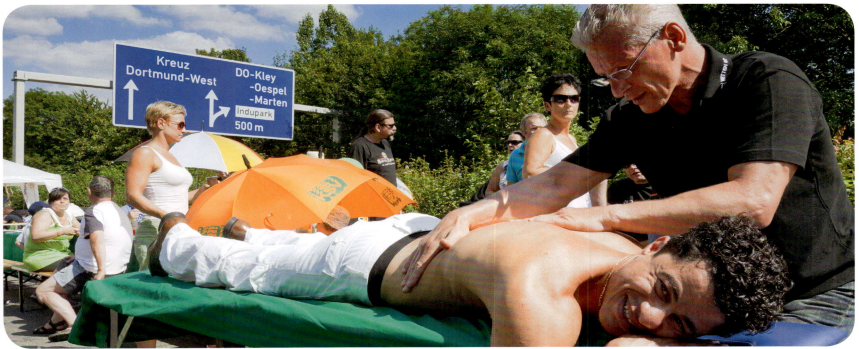

154

156

SCHREIBWERKSTATT
HERDECKE

158

DER ABBAU

Ein Knackpunkt in der Planung: Wie bitten wir die Gäste, die Autobahn rechtzeitig zum Veranstaltungsende wieder zu verlassen, ohne jemanden „rauszuschmeißen"? Die Antwort haben die Besucher selbst geliefert. 18. Juli, 17 Uhr: Obwohl die Stimmung zum Verweilen einlädt, packen alle ihre Sachen zusammen, beladen Bollerwagen und Rucksäcke, entsorgen ihren Müll und rücken sogar die Tische gerade! Kurz nach 17 Uhr ist die Bahn fast komplett frei und die Aufräum- und Abbauarbeiten können pünktlich beginnen. Um 5 Uhr morgens kann der Verkehr wieder rollen. Sensationell!

Der Abbau

Der Abbau

Der Abbau

Der Abbau

Der Abbau

ANSICHTEN

„Wir waren dabei!"

Alles ist anders als zuvor. Jeder, der am 18. Juli dabei war, weiß: Nie wieder wird man die A 40 mit den gleichen Augen betrachten. So haben Sie Ihre Metropole eben noch nie gesehen!

Noch gehört der Ruhrschnellweg den Autos: die A 40 in Höhe der Abfahrt Essen-Altendorf am 17.7.2010

Die ersten Besucher finden sich ein: die A 40 in Höhe der Abfahrt Essen-Altendorf am 18.7.2010 um 10 Uhr

Still-Leben: die A 40 in Höhe der Abfahrt Essen-Altendorf am 18.7.2010 um 12 Uhr

Illustration von TAS in der Planungsphase

Die längste Tafel der Welt: die A 40 in Höhe der Abfahrt Essen-Zentrum am 18.7.2010 um 12 Uhr

Die Ruhe nach dem Fest: die A 40 in Höhe der Abfahrt Essen-Zentrum am 19.7.2010 um 5 Uhr

Autofreier Ruhrschnellweg 1973 in Höhe der Abfahrt Essen-Huttrop am ersten autofreien Sonntag (25.11.1973) anlässlich der Ölkrise

Verkehrsader: die A 40 in Höhe der Abfahrt Essen-Huttrop am 16.7.2010 um 12 Uhr

Einzigartige Festmeile:
die A 40 in Höhe der Abfahrt
Essen-Huttrop am 18.7.2010
um 16 Uhr

Aufgeräumter Feierplatz:
die A 40 in Höhe der Abfahrt
Essen-Huttrop am 19.7.2010
um 5 Uhr

Aus dem Gästebuch

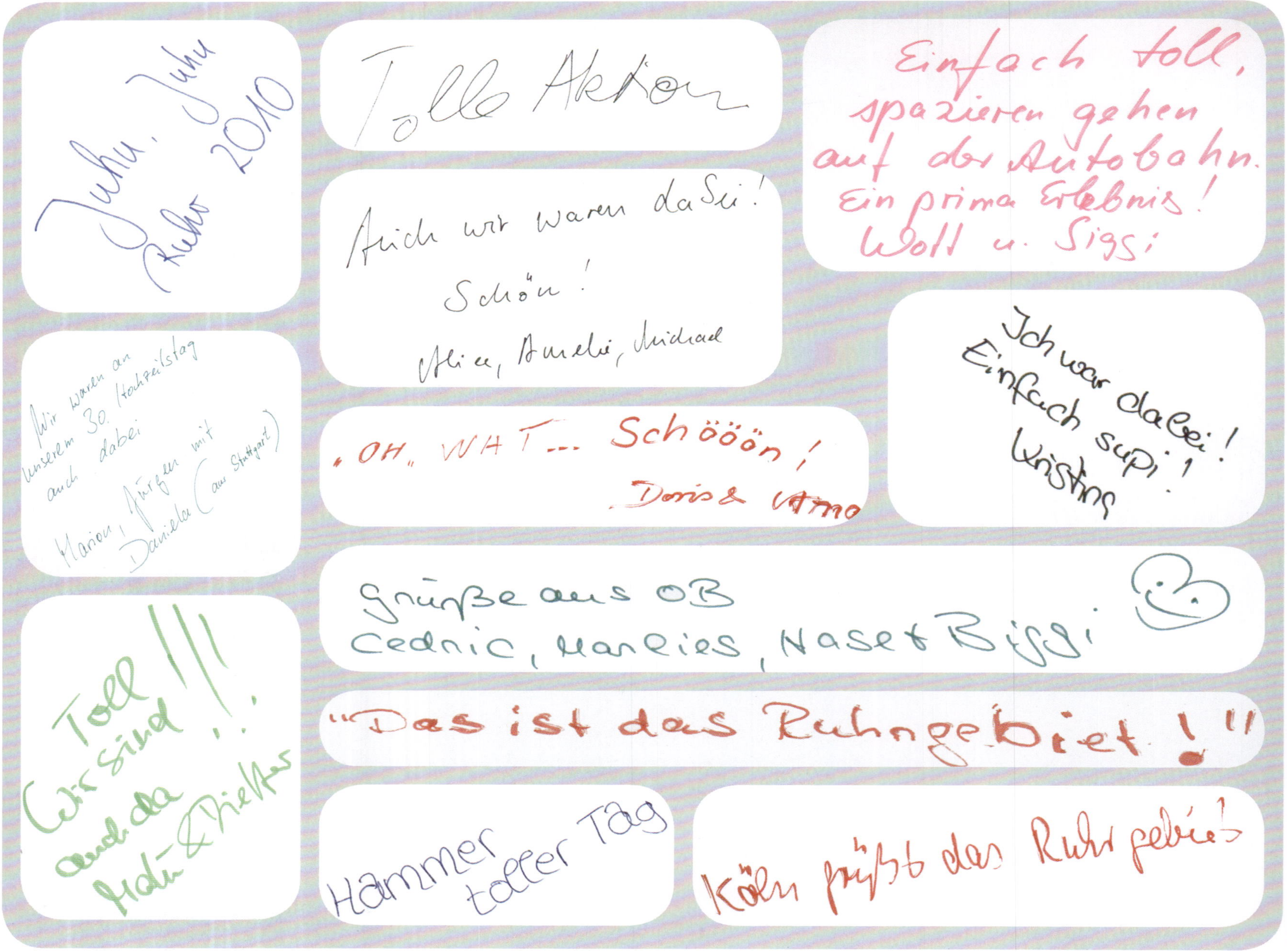

Juhu, Juhu, Ruhr 2010

Tolle Aktion

Einfach toll, spazieren gehen auf der Autobahn. Ein prima Erlebnis! Wolf u. Sigsi

Auch wir waren dabei! Schön! Alice, Amelie, Michael

Wir waren an unserem 30. Hochzeitstag auch dabei Marion, Jürgen mit Daniela (aus Stuttgart)

Ich war dabei! Einfach supi! Kristina

„OH„ WAT... Schööön! Doris & Utmo

Toll !!! Wir sind !!! auch da Holm & Wiebke

Grüße aus OB Cedric, Marlies, Naser Bissi

"Das ist das Ruhngebiet !"

Hammer toller Tag

Köln grüßt das Ruhrgebiet

174

A40 - Still-Leben

Wir waren dabei an
diesem Super tag 😊
Ein tolles und einmaliges
Erlebnis.
Vielen Dank für diese Idee.
Jenny × Sasch
Lilly

Wir waren super
gespannt und sind mehr als
begeistert ! Super Rüstung
und die extra Anreise aus
Bayern hat sich gelohnt !
Ein riesen Ereignis !
Herzlichen Dank

Wunderschön ist Gottes Erde
und wert darauf vergnügt zu sein
Drum will ich, bis ich Asche werde,
mich dieser schönen Erde freun ....
Und mit Liebe und Wonne die
A 40 genießen „ heute 18.07.2010"

Die RUHE war heute
wirklich SCHÖN

Ist dieses Ereignis Kunst?

Aber ja!

Das ganze Leben ist ein Fest
und was ist Kunst?
Kunst ist, das Leben zu feiern.

A40 Feier

Einfach nur genial
Starker Ort, starkes Team, starker Tag
Super so! Weiter machen

Endlich mal staufreie Zone!
Hoch lebe das schöne Ruhrgebiet!

Hallo liebe A40,

auf dir kann man
vortrefflich lustwandeln
vor allem an sonnigen
Sonntagen ☺

Es war einfach
nur schön

An der A40 aufgewachsen
begleitet sie jetzt ein Leben lang
zu Fuß und per Rad auf der A40
ein einmaliges Erlebnis
Gabi

Die A40 ist die schnellste Verbindung
zwischen mir, meinem Heimatort und
meiner Disco. Danke !!
Niels

RUHR.2010,

Wir lieben Euch!
Umwerfende Veranstaltung,
Sonnenwetter, Sonnen-
stimmung ...

Annika, Kai & Haus

Vielen Dank für die geniale Idee!
Es war toll.
Vielen Dank allen freiwilligen Helfern –
heute und generell bei RUHR.2010
Ihr seid GROSSARTIG!!

Daten und Fakten

3.000.000 Besucher

TV-Berichterstattung

Ausstrahlung in 200 Ländern weltweit, insgesamt mehr als 225 Stunden TV-Berichterstattung

Auszug Sendungen Deutschland:
Tagesschau
Tagesthemen
ARD/ZDF Morgenmagazin
Heute-Journal
RTL aktuell
Sat.1 Nachrichten
NTV-Nachrichten
DAS!
RTL2 Nachrichten
arte
WDR Live Sendung
Dokumentation
MDR aktuell

Auszug international:
Chinesisches Staatsfernsehen
BBC
ORF
Channel1 Russia
Rai Italy

Hörfunk

Auszug: Deutschlandradio, Funkhaus Europa, WDR-HF-Anstalten (1LIVE, WDR2, WDR3, WDR4, WDR5), Westfunk-Gesellschaften (Radio Essen, Radio Bochum usw.)

Print (Nachberichterstattung)

Auszug: Süddeutsche Zeitung, Die Welt, Financial Times, WAZ, BILD, Die Zeit, Focus, Stern, Auto Motor Sport, ADAC Motorwelt, Autobild, Prinz, DB mobil, Hamburger Morgenpost, Hamburger Abendblatt, Frankfurter Rundschau, Berliner Zeitung, WAZ, BILD, Stuttgarter Nachrichten, Washington Post, Guardian, Boston Globe, USA Today, Hyrriyet, China Daily, Irish Times

Online
Website ruhr2010.de/still-leben

10.000 Newsletterabonnenten
17 Millionen Page Impressions an drei Tagen auf der Website (17./18./19. Juli)
RUHR.2010, Still-Leben, A 40 auf den ersten drei Rängen der Twittercharts am 18. Juli
Unzählige Videos auf den Online-Plattformen von Youtube & Co.

Weitere Zahlen

60 km Autobahnsperrung (Dortmund Märkische Straße bis Duisburg-Häfen)
37 Auf- und Ausfahrten
31 Stunden Autobahn-Sperrung
30 km Absperrungen

20.000 Tische auf der Autobahn
40.000 Bänke

3.500 Funkgeräte
3.000 Hinweisschilder
2.700 sanitäre Anlagen
300 LKWs
93 EDEKA-Versorgungsstationen, davon 63 auf der Tischspur und 30 auf der Mobilitätsspur
150 Gabelstapler

500.000 Streckenflyer

7 Standorte zur Historie des Zweirads auf der Mobilitätsspur
1 Foto-Kran mit Höhengondel auf 50 m

11.700 Helfer, darunter:
3.100 THW
1.700 Polizei
600 Sanitäter
500 aus den Anrainerstädten
1.000 Feuerwehr
350 DB Schenker
800 Entsorger
780 Volunteers
150 ADFC-Aktive aus 14 Kreisverbänden
750 Security
140 Absperrung (Fa. Dammann)
700 EDEKA
100 ToiToi-Dixi
600 VRR
80 Verkehrssicherheit (Fa. BAS)
50 Beschilderung

725.000 Liter alkcholfreie Getränke, darunter:
750.000 Flaschen Cola (0,5 l)
500.000 Flaschen Wasser (0,5 l)
200.000 Flaschen Isodrink (0,5 l)

300.000 Früchte zum Verkauf auf der A40, davon:
200.000 Äpfel
70.000 Nektarinen

100.000 Packungen Kekse
70.000 Beutel Funny Frisch Rinçli

Pressemeldungen über „Still-Leben Ruhrschnellweg"

WAZ, 19. Juli 2010

Berliner Zeitung, 19. Juli 2010

Himmlisches Kultur-Chaos auf der A 40

Drei Millionen Besucher bei Still-Leben

Westfalenpost, 19. Juli 2010

Schönstes Straßentheater der Welt

Westfälische Rundschau 19. Juli 2010

Die A 40 bat zu Tisch

NRZ, 19. Juli 2010

Ein Ereignis wie eine Sonnenfinsternis.
NRZ

Es war ein Mega-Fest.
Kölner Stadtanzeiger

Das Ruhrgebiet feiert sich
und seine Kultur auf der A 40.
Hamburger Abendblatt

Vielfalt ist angesagt.
Recklinghäuser Zeitung

Wie eine Kirmes auf der A 40.
WAZ

Straßentheater der Superlative.
Westfälische Nachrichten

China Daily, 20. Juli 2010

No autos on the autobahn.
Westfälische Rundschau

Neuauflage gewünscht.
WAZ

Wunsch nach Wiederholung.
des Still-Lebens
Westfälische Rundschau

Still-Leben nicht nur für
Besucher ein Tag voller schöner
Erinnerungen.
Westfälische Rundschau

Weltweites Staunen.
WAZ

Pique-nique sur l'asphalte de la Ruhr

L'autoroute A40, transformée en aire de pique-nique géante.

Ouest-France, 19. Juli 2010

Autofrei und Spaß dabei

So verliefen die 31 sensationellen Stunden auf der Lebensader des Reviers

Ruhr Nachrichten, 19. Juli 2010

Folkefest på Autobahn
dagbladet.no

Banquet géant sur l'Autobahn en Allemagne
challenges.fr

Duitse autosnelweg wordt picknickplaats
standaard.be

Life's a picnic on Germany's autobahn
feeds.bignewsnetwork.com

Shanghai Daily
上海日报

www.shanghaidaily.com　　Monday 19 July 2010　Price 2 Yuan
国内统一刊号CN31-0004 邮发代号3-96　　Vol.011 No.3318

Closed for banquet

Shanghai Daily, 19.Juli 2010

Achtung, Personen auf der Fahrbahn!

Der Tagesspiegel, 18. Juli 2010

There's still life in the fast lane
South China Morning Post

Middle-of-the-road artwork
New Zealand Herald

Allemagne: 2 millions de personnes sur une autoroute transformée en tribune
L'express.fr

German autobahn is given over to 60kmlong party
The Times, UK

CULTURE CELEBRATION BLOCKS AUTOBAHN
express.co.uk

Still life on the autobahn: 3 million party on German highway alongside 37-mile-long table
Canadaeast.com

Germans throw party on autobahn
Associated Press

Germans take cultural party onto motorway
Times Suriname

Fritz Pleitgen | Oliver Scheytt

Einmalig oder nicht?

Wenn es läuft, dann läuft es. Die alte Erfahrung bestätigte sich wieder einmal. Nach der Aktion auf der A 40 setzte ein Run auf die Tische und Bänke ein. Im Handumdrehen waren alle Ensembles verkauft. Einen solchen Absatz an Biertisch-Garnituren hatte es in Deutschland noch nicht gegeben. So bleibt die längste Tafel der Welt in vielen Familien und Vereinen weiter im Einsatz. Von allen Seiten erreichte uns der Wunsch, „Still-Leben Ruhrschnellweg" zu einer ständigen Einrichtung werden zu lassen. Ministerpräsidentin Hannelore Kraft und Dortmunds Oberbürgermeister Ulrich Sierau drückten Sympathie für die Idee aus.

Wie konnte die Aktion auf der A 40 zu einem solchen Erfolg werden? Das Geheimnis ist ein offenes. Es ist vor allem im Charakter der Menschen hier begründet. Die Ruhris lieben Herausforderungen, bis hin zu verrückten Ideen. Wenn sie sich für eine Sache erwärmt haben, dann lassen sie sich davon nicht so leicht abbringen, dann hängen sie sich, wie man so sagt, voll rein. Komme, was da wolle! Das ist der Geist, der zusammen mit dem Gefühl für Solidarität und Toleranz den Mythos Ruhr ausmacht. Ohne diese Bereitschaft, sich mit Leib und Seele einzubringen, nicht nur als Besucher, sondern auch als Akteur, wäre die Kulturhauptstadt Europas RUHR.2010 nicht so erfolgreich durch das Jahr gekommen.

Es war nicht so, als ob „Still-Leben Ruhrschnellweg" völlig frei von prekären Situationen gewesen war. An manchen Stellen war es zu starken Verdichtungen gekommen. Aber wir waren darauf vorbereitet. Und wir hatten ein Publikum, das sich die große Familienfeier auf der Autobahn nicht durch hektisches oder egoistisches Verhalten kaputt machen lassen wollte. Außerdem war auf die Sachkunde und das Augenmaß unserer Partner Verlass: auf die Polizei, die Feuerwehr, das THW, Schenker, die Volunteers und andere Helfer auf den Fahrbahnen. Unsere Leitzentrale war über jede aktuelle Entwicklung auf der A 40 sowie auf den Zu- und Abfahrten im Bilde und konnte deshalb sofort reagieren, wenn sich Störungen anbahnten. Die lange, gründliche Vorbereitung machte sich bezahlt.

Das war vermutlich der entscheidende Unterschied zur Loveparade in Duisburg, auf der eine Woche später in einem Ausbruch von Panik 21 junge Menschen umkamen und viele andere schwere Schäden an Leib und Seele erlitten.

Es wäre nicht gerecht, die beiden Veranstaltungen miteinander zu vergleichen. Wir standen nicht unter solchem Zeitdruck. „Still-Leben Ruhrschnellweg" war dank des langen Vorlaufs bereits einen Monat vor dem 18. Juli startklar. Das Gelände war anders als in Duisburg, das Publikum auch. Und die Kommunikation funktionierte auf der A 40 bis in die letzte Verästelung, während bei der Loveparade die Verbindungssysteme völlig zusammenbrachen, was möglicherweise bei der Katastrophe eine entscheidende Rolle spielte. Diese nationale Tragödie legte sich wie ein großer Schatten auch auf die Kulturhauptstadt.

Jede Metropole von Rang hat eine charakteristische Volksveranstaltung. Karneval in Rio, Steuben-Parade in New York, Oktoberfest in München, 4. Juli auf den Champs-Élysées in Paris, Mardi Gras in New Orleans. So könnte auch „Still-Leben Ruhrschnellweg" zum Markenzeichen werden. Die Aktion passt zur Metropole Ruhr, die nie endet, und wenn sie endet, wieder anfängt. Sie passt auch zu den 170 Nationalitäten, die den Charakter dieser polyzentrischen Metropole prägen, die im steten Wandel begriffen ist und nie fertig wird.

Soll „Still-Leben Ruhrschnellweg" ein einmaliges Erlebnis bleiben oder nicht? Wir können uns eine Neuauflage vorstellen. Aber die Aktion auf der A 40 muss eine Rarität bleiben. Wenn sie jedes Jahr stattfände, wäre das zuviel, sie würde zum Ritual. Das Projekt wäre auch zu teuer und organisatorisch nicht in wenigen Monaten zu machen. Alle zehn Jahre, das könnte passen. Dann würde jeweils eine weitere Generation Menschen hinzukommen. Für die einen wäre es ein Wiedersehen, für die anderen eine Premiere. Das könnte die richtige Mischung sein. Überdies wären dann auch die Baustellen von der A 40 endlich verschwunden. Vielleicht! Unser Vorschlag also: das nächste „Still-Leben Ruhrschnellweg" im Jahr 2020! Was meinen Sie?

Die Gruppen der Community

Block 1: Lions Club Duisburg Landschaftspark / Lions Club Duisburg-Hamborn / Lions Club Duisburg-Rheinhausen / Lions Club Duisburg-Rhenania / Leo Club Niederrhein / Lions Club Duisburg-Concordia / FromRussiawithLove / Einfach lecker! / Schildkrötenfreunde Horst '95 e. V. / Duisburg Marketing GmbH / Partylifter / Duisburg Marketing GmbH / StattChor Duisburg

Block 2: Lions Club Duisburg- Mercator / ILIOS – Griechische Volkstänze und DIE FOLDIES / Appeldorner Ochsenbuben e.V. / AWO-Duisburg e. V. / Out Of The Blue / amnesty international, Gruppe Duisburg / Doris-D / Mein FrischeKontor-Wochenmarkt / Jugendarbeit der ev. Kirchengemeinde Hiesfeld / GFW Duisburg mbH

Block 3: Blue Steel Dragon / the a 40 blues band, bluesstammtisch / Die Schnitzmeier Gang / Die Befreier / bühne 69 e.V. Kamp-Lintfort / hohlkugelklopfer / Grüter, Hamich & Partner / Handball in drei Generationen / WIR vom Robinienweg, Moers-Vennikel / Haniel Archiv und Haniel Museum / Die Korkzieher / Haniel CWS-boco / ELG / Galeria Kaufhof / METRO Group Asset Management / Mercator Center / AFS Interkulturelle Begegnungen e. V. / Caritascentrum Meiderich

Duisburger Mütterzentrum e. V. / Flechtwerk / 1. Ruhrorter Karnevalsgesellschaft Weiss-Grün / Ruhrorter Hafenkids / Immersatt / Spielegruppe aus dem Finkenkrug

Block 5: Fotojunkies / Werra Straße / Weinlokal Zur Adler Apotheke Dinslaken / Kabarett Thekentratsch / Stefan – Der Magier für alle Fälle / Sommerlaune und Fröhlichsein im Freundeskreis / Chill-Bill / HSG Merkstein – Handball Landesliga / Queer Family / Johnny Cash Experience / grand cru Wiescheid / Bund der Kroaten e.V. Duisburg / die kunstbaunausen / Architektenoffice in Duisburg / Five in Harmony / Vanessa Kosczlowsky Kombo / tanala & Friends Fotografentreff / Spiele für Viele / Duisburg-Essen Model United Nations / Fures Temporum / Betreuer & Trainer KKG Geldern / Mölschem spielt / RASTPLATZ

Block 6: STUDIOBÜHNE DÜSSELDORF / Boatpeople / Kreuzbund e.V. Stadtverband Duisburg / Soulcollege / Monas Geburtstag mit Groß und Klein / Duisburger TSC Charleston e.V. / musikräume42 / SG Western Dance / Detektivbüro Grimm & Sohn / Eine verrückte Teegesellschaft / LesART Kamp-Lintfort / Katholische Kirche Duisburg / 1000 Gärten für Duisburg / NiederrheinBRASS / www.schmuckundso.de /

www.Doktor-Dach.de / Salsa en el Autobahn / Masters Gym / Haus der Seidenkultur / Mentoring-Club.Niederrhein eV gem. / Sing A Song Group DUISBURG DU & Ich / 18.07.2010/Tag der besten Freunde / Yukon Tramps & Drivers Dinslaken Square Dance / lalala / Salsa en el Autobahn / LVR-HPH-Netz Niederrhein – Vielfalt statt Einfalt / Post-SV-Kicker-Kids / Post-SV-Kicker-Kids / Zwei Hauptstädte begegnen sich

Block 7: Karaokefreunde Michael Driske / Kunst in Schrift und Bild – Regina Haack und Familie / NurNatur / Monkey Cave 6ts Club – One Room Paradise Soul & Ska Club / KG NärrischeBlümkesHamborn e. V. Showtanzformation Teddy Girls / Deutsche Haiku-Gesellschaft e.V. / Monte Carlo 40/10 / Pott-SKAT / Köln liest für Kinder / White Dinner at the A 40 / Die PFaD / Die drei ??? und das Rätsel um die A40 / Die Kunst gesund zu leben / traditionelle Geburtstagsfeier / Verein der Indonesischen Studenten – PPI Duisburg Essen / NRW School of Governance / Freie Rheinische Rotte / Hochschule Rhein-Waal / NRW School of Governance / Schrill-Leben – Bad Taste Party / tdtshop Cardgametruppe !!!

Block 8: Uschis Geburtstagsparty / UNICEF Wesel Members and Friends / Kaffeeseminar / Motorflug-

gruppe Dinslaken Schwarze-Heide e.V. / Eldemalu-Hexen aussem Pott / Ein Tisch voller Kunst / Heimatverein Weselerwald und Umgebung / Kaiserswerther Diakonie, Ambulante Dienste Duisburg/Kaiserswerth / Spielekreis HIESPIELCHEN / Campus-FM-Klangküche / Zebrastreifenblog – Kees Jaratz / Behinderten-Wohnheim Duisburg gGmbH, Ambulant Betreutes Wohnen / TOP DANCE STUDIO / TV Vennikel 1912 e.V. / Mettmanner ArtWerk e. V.

Block 9: Deutscher Diabetiker Bund Bezirksverband Niederrhein / Die singenden Westfalen / Ruhrgebiet / Kölsche Liebe / Rhein Ruhr Loge Mülheim / Musical Mix-T(o)ur / Folk-Ensemble der Musikschule Voerde / ZeitzeugenBörse Duisburg / freitagsfisch / NSU-IG-Oberhausen / Gospel People St. Antonius Wesel / Lyriklaune / Selbsthilfe-Kontaktstelle Duisburg / Pro Retina / Die ConsulTanten / Nano mal anders / Jugendorchester Duisburg / Aktuelle Stunde / cre8it / Duisburg gegen Depression / SIX-Pack and Friends on Tour / Spielmannszug Obrighoven / Tanz der Zwerge / Starke selbstbewusste Frauen / Lustige Physiker/Chemiker / Rittergruppe / Niederrheinmaler Aloys Cremers / Tourist Information Xanten / Verein Stadtkultur Xanten e.V. / Schlach Deine Kumpels / Volks-

Gruppenname: 100 Bräute für Marxloh
Beitrag: Regionales & Internationales
Ausfahrt: Duisburg Häfen, Block 1
Wohnort: Duisburg Marxloh
Motto: Made in Marxloh

Gruppenname: Tanz und Musik aus Griechenland
Beitrag: Regionales & Internationales
Ausfahrt: Duisburg Häfen, Block 2
Wohnort: Koblenz und Karlsruhe bis Leverkusen
Motto: Sonne und jede Menge Musik

Gruppenname: Thekentratsch
Beitrag: Musik & Kunst
Ausfahrt: Kreuz Duisburg, Block 5
Wohnort: Dinslaken
Motto: Der Pott, dat sind wir. Und da sind wa stolz dafür!

Gruppenname: Studiobühne Düsseldorf
Beitrag: Musik & Kunst
Ausfahrt: Kreuz Duisburg, Block 6
Wohnort: Düsseldorf

Gruppenname: Schrill-Leben - Bad Taste Party
Beitrag: Sonstiges
Ausfahrt: Kreuz Duisburg, Block 7
Wohnort: Duisburg, Dinslaken, Essen, Dortmund
Motto: Schrill-Leben beim Still-Leben

Gruppenname: Holländische Geburtstagsparty
Beitrag: Spiel & Spaß
Ausfahrt: Duisburg Kaiserberg, Block 8
Wohnort: Venlo (NL), Krefeld, Leipzig, Duisburg
Motto: Korallenriff am Kaiserberg

Gruppenname: Fotogruppe der Lebenshilfe Duisburg
Beitrag: Sonstiges
Ausfahrt: Kreuz Kaiserberg, Block 10
Wohnort: Duisburg
Motto: Wir leben für und mit den Menschen mit Behinderung.

Gruppenname: Familienkreis Schwarze Heide
Beitrag: Spiel & Spaß
Ausfahrt: Mülheim, Block 14
Wohnort: Oberhausen
Motto: 150 Jahre Ruhrgebiet an einem Tag

tanzgruppe Üfte-Overbeck / Künstlergruppe Haus Kilian / weitblick duisburg-essen / wirjetzthier – Konzeption.Live.Kommunikation. / Schermbecker Künstlerkreis

Block 10: Anonyme Alkoholiker / Fotogruppe Lebenshilfe Duisburg / Studentenwerk Essen-Duisburg / allpha 60 / Schauinsland-Reisen GmbH / Kunst- und Kulturfreunde Wissel / Konfuzius Institut Metropole Ruhr und Institut für Ostasienwissenschaften / Physik von Transport und Verkehr (Uni Duisburg-Essen) / Mercator Büro

Block 11: Jung & Friends / Killefit / Ortsgruppe Duisburg-Süd der Landsmannschaft der Oberschlesier e.V. / Die Blosewinds / TauschBar / „Vorsicht, heiß!" / Verband der Berufsfotografen Niederrhein / pro familia / Der jüngste Zauberer Duisburgs zaubert close up / VeloCityRuhr / Die Ulligen e.V. / Einkauf und Service Duisburg (ESD)

Block 12: www.der-Textladen.de / Doppelkopf vom Niederrhein / Diakoniewerk Duisburg GmbH – Die MalZeitler / Interessengemeinschaft Schmachtendorf / LENZE-DANCER / Ingenieure ohne Grenzen RG Köln / Theatergruppe „Paradox" / Deutsche Kultur und Geschichte im östlichen Europa / Die Vorleser / Apéro français / KALAUDIAS KALAUER SERVICE / Autobahntischyoga

Block 13: Obst- & Gemüsebüro Holland / Musik unter Freunden

Block 14: AVEO AIR SERVICE / Webradio Old-Xanadu / Sportliches Mülheim / Buhrggeister / IKM e.V. Internationaler Kulturkreis Moers / HC Sterkrade 75 / Charisma – der junge Chor e.V. / Chor Atemlos / KOOB / BDIA Regionalgruppe Ruhrgebiet / Spielmannszüge „Gut Freund" 1908 und „In Treue fest" 1932 / asso-Schacht-Literaten / JOPROFLA

Block 15: Saarner Sonnenkuppe / German OEL Company / Dragonnettes! Auch Frauen spielen Rugby / www.Kunst-Komplott.de / Die Kunst gesund zu leben / Ira's Büdchen

Block 16: MiToo / Radiosoundmobil / Radio Delmondo und Radio Soundmobil / Spanische WM-Freude

Block 17: ABK / AMIGOS DE BOLIVIA / SuperAcht / grensgangers / Kegel.Doppel.Kopf / Ev. Kirche in Mülheim / CVJM-Styrum / Niederrheinische Schnattergans(s) / Flickr-Fotografen

Block 18: düsseldorfer grashüpper / Werners Stammtisch / Mundorgel statt Maulschelle / Tango Casino – Tango bei Kerzenlicht / Atelier Wobser – Kunstaktion / Blaues Kreuz in der Ev. Kirche / BKE Dorsten-Wulfen / BundesInitiativeGrossEltern BIGE / Diakonisches Werk im Evangelischen Kirchenkreis An der Ruhr / St. Franziskus Oberhausen / Feuerseele / Christen im Aufbruch / Evangelische Luther-Kirchengemeinde / forasong / Chor von der Höhe / Barbershop-Chor Miss Harmony / 1. KG Narrenzunft Oberhausen e.V. / Reiselust / Löschgruppe Rayen / KRASS

Block 19: BospoRuhrUs / KG Blau-Weiss 1947 KF / Ba Ba / Ballonfahrer / SV Sterkrade Nord Breiten-

sportgruppe Zwickler / Gladbecker, die Kunst lieben und fördern! / Männersportgruppe Sterkrade-Nord / Alte Spiele aus dem Münsterland / BaNiSti – Sticken. Deko.Kreativ.

Block 20: Affenkochen / Reeperboys.de / BEGEGNUNGEN – gemeinsam Singen von Kraftliedern und Mantras / GRUPPE BAU ART

Block 21: Die Ruhrpottblumen / Knietief 09 / Kulinaruhries / Freundeskreis Ölmalerei / Se mukkt sene / Didge im Pott / Freundegroup / bdvb – Das Netzwerk für Ökonomen / VfR 08 Oberhausen / Ambulantes Hospiz Oberhausen e.V. / TSV Galgo-Friends e.V. / Die Kunst gesund zu leben / Bunter Haufen / MINI

Block 22: Sonny's Kindertreff / Women Businessclub e.V. / Milchkaffee Blau / Oldies and FRiends / Rheinische Landjugend e.V. / Rheinische Landjugend e.V. / Rattenfänger / Kampagne

Block 24: Alpenländler Volksmusikanten / Montagsmalerinnen / Kaffeeseminar / Blühende Landschaften / Diving Erich Dörr

Block 26: PCF Mülheim / Reinholds Brass Band Schönebecker Jugendblasorchester / Speckbäuche und Spargelstampfer / AFS-ESSEN / POTTMODE / D.U Dauernd unterwegs / Im Namen der Freundschaft / Technisches Hilfswerk (THW) / Erlebnismuseen am Rhein / Salsa Colonia / Sing-Salabim und Freunde / Rolling Kartoffels

Block 27: Radfahren im Ruhrgebiet / Spiele für

Groß&Klein / Drachenfelz / LIEBE IN ZEITEN DER RUHR / Schachclub Jolly Jumper / walter westrupp jugband / Raesfelder Burgmusikanten e.V. / italiansOnline / Nandu / EMSCHER DELTA BLUES BAND / Am Kamin / FrauenKartenKlub / Kul(t)tierärztinnen / Spiel mit! / Ruhrzocker

Block 28: Mülheimer Frauen Chor 1995 e.V. / Raices de Gitana Flamenco-Gruppe / Kegelgemeinschaft Knapp Vorbei / F.C. Grashoppers 1975 Mülheim an der Ruhr / gips-a40 / JRK Mülheim / Casabiancas / VfB Grün-Weiß Mülheim 1980 e.V. / Schulsanitätsdienst / JRK Mülheim / JRK / Vorbehalt ......! Abgeschnickt!

Block 30: Hochzeitstagaufderautobahn / Mondays on the backporch / Poetische Großfamilie / Harmonische Großfamilie / MGV 1921 Mülheim-Heißen / Patchwork Flickschusterei / Netzwerk Saarn / Stammtisch 1516 / Bànais / Expedition A40 – ein Kunstwerk für einen Tag / Einen Euro für ein Lächeln – wir helfen dem Friedensdorf International / Jedes Foto zählt – Charity für das Friedensdorf International / Ruhrpott-Gerichte und vieles mehr / Sozialverband VdK / Osteopathie Meyer / Ein Stück Himmel trifft Angelina Jolie und Johnny Depp / Schauspielstudio Ruhr

Block 31: Frauenvertreterinnen im Mülheimer Sportbund / The funny World of Suzie Wong / Earbaras Tafelrunde / Seemannsgarn / Knoten knüpfen und Verbindungen schaffen / fataal / The Amazing Years / Die Kunst gesund zu leben / Wirtschaftsförderung Mülheim & Business GmbH / viele Orte – ein Fott / Mining

Twirlers Essen e. V. / VOLLMERGRUPPE Betriebsausflug / Schachverein Mülheim Nord 1931 e. V. / Fotoshooting Glück auf! / Die Curry-Wurst Gang / Mölmsch / die Bürgervereine Linksruhr in Mülheim an der Ruhr

Block 32: Inga's Sporttreff / GEHEN, GEHEN, GEHEN AUF DER AUTOBAHN … / www.meinolf-hasse.de / pro-trait / Hartmut Henke, www.art-henke.de / EICHBAUM OPER / Bahnsinnige Sunday-Night-Pudler / Kegelclub ohne Namen / Fotowelt / Rytz / Kommse anne Bude / Freundschaft verbindet / Greenpeace Essen

Block 33: ruhrpottcalling.com / Die Familienmusikanten

Block 34: Freunde der Weinagentur Erben / Bauer und Dame / Raggle Taggle Gypsies / Raffelberger Petanque Verein / LANUV NRW / Das Ruhrgebiet feiert – wir feiern mit! / Arbeitsgemeinschaft Mülheimer Bergbau / Arbeitskreis Bergbau im Förderverein bergbauhistorischer Stätten Ruhrrevier e. V. / Vereinigung Alter Corpsstudenten / B.H.G. 1972 / Familie WitZiPö / D115-Stammtisch / IFHB e. V. = Internationales Forum Historische Bürowelt

Block 35: T.o.N Heimaterde 2002 / Frauenchor Resonance / Theater im Dorf: Zeichen! / KoKoBend / Theodor Fliedner Stiftung: Kreativität verbindet! / Trio Maggiore / Pott-Maler und solche, die es werden wollen / RTC-Mülheim/Ruhr / Tanz-Turnier-Club Mülheim an der Ruhr / Fliedner-Malgruppe Wie es aus den Menschen rauskommt! Anders funktioniert große Malerei auch nicht. / HALLE505 / MGB / TG Wienkreis / Drachenboot-Team Aquaconder / Klimazone Mülheim

an der Ruhr / Ommas 80.sten Geburtstag / Drachen aus der Drachenhöhle / Wir feiern das Leben!!

Block 36: Kegelclub / die Zentrale der überragenden Knobelexperten / Fulerumer Unoklübchen / Team Apres-Bike / Folklore – international / Knuts Klartext für Kinder / MAND[A40]LA / Alianza / Valentin Dimitrov (Fotopräsentation) / Caritas-Konferenzen der Stadt Essen (CKD) / BILDERMOSAIK A 40 / Stillleben im Stillleben / extra Scha(r)f / Honig für die Ohren / Über A 40 Jahre fit wie ein Fisch im Wasser / A 40-2010

Block 37: Experimentelle Köche / living sculpture 2010. / Merano Speck – Familie Rauch und Freunde / kerngesund & vis-à-vis unplugged / EARLY CHRISTMAS DAY

Block 38: Private Kochgruppe / „Ukuleriker & Friends" – ein Ruhrpott-Ukulelen-Orchester / Evas Halbzeit-Party / Virologie außer Dienst / Familie Rauch und Freunde – Glück auf 2010 / HAPPY YOGA / Crazy animal ballon factory / stinja-ringli kerSTIN und anJA / blickdicht Fotografien / Mosaik im Revier / Die Kunst gesund zu leben / Benno-Jëff / Die Schlaghosen

Block 39: KJG Kulturbeutel / just chrys – Team 2010 / ROCK N ROLL KAFFEEKLATSCH / Landau Media AG / Die Kunst gesund zu leben / Holsterhauser Bürgerbund e. V. / Lustige Schleicher Essen / Schachklub Holsterhausen e. V. / Wir, die Mädels aus dem Pott / MOCK Mundorgelclub Kirchhellen

Block 40: Basteln und Werken für Eine Welt / Auf'm Banner bei den Ciarrettino's / Malteser Jugend /

SchachtZeichen-Familie Schacht Oberschuir-stadtbauraum / Zentrums-Quilter / Integrationsrat Essen & Freunde / Schwarzwaldverein OG Essen e. V. / Webentwickler-Stammtisch BPSE / Deutsch-französisch-türkisches Theaterprojekt am Maria-Wächtler-Gymnasium / Heimat- u Burgverein Burgaltendorf / CULTURE POOL

Block 41: Hans und Petra / Stiftung Mercator / Grundstücksverwaltung Stadt Essen GmbH

Block 44: Erbe Sisters – Reunion / Weigle-Haus / Karnevalsgesellschaft ROT GRÜN Essen 1963 / LA VIE EN ROSE

Block 45: 1. Essener Badminton Club / IKK Nordrhein / Round Table 26 Essen / LAG Lesben in NRW e. V. / Flip e. V. / Revier-Franken / Monika und Klaus / DancingNeedles am Lokalzeit-Tisch des Studio Essen / Verteidiger des wahren Blödsinns / Bad Meinberger Mineralbrunnen

Block 46: Jugendherberge Essen-Werden / CAJ Essen / Soroptimist Club Essen / KöBs Dionysius / HOCHTIEF-Tafel – Musik zum Mitmachen / HOCHTIEF-Tafel – Hier spielt „Volle Kanne" Musik / HOCHTIEF-Tafel – Grüße von der A 40 / HOCHTIEF-Tafel – Zu Gast bei HOCHTIEF / HOCHTIEF-Tafel – Streif Baulogistik / HOCHTIEF-Tafel – Event-Experten vor Ort / Kreuzbund-Stadtverband-essen / Ev. Jugend Essen / BESONDERES ERLEBEN / Elke Hermann / Gold / Akkordeon-Jugend-Orchester Altenessen / Christopher hat Geburtstag! / KAB St. Bonifatius,

Essen-Huttrop / Gregor Bohnensack und Silvia Steinberg / ARCHE NOAH BOTTROP / Deutschlandstuhl / Mitten in Borbeck / Spielkinder / Barbaras Bande / _social _autobahn

Block 47: Kaffeeseminar / Loge Schwarzer Diamant zu Essen / Schichtschreiber – Du hast das Wort / Die Kunst gesund zu leben / Urlaub im Ruhrpott / Familie Sprenger/Maifeld/Biggemann / Pink Propellers

Block 48: Andrea's Partytisch / TUBA-LIBRE / DSF '96 Die Stadtwald Fohlen / Die karnevalistischen Kegler / Chorale Feminale / Das Kohlelatein / Neuer (Alter) Tennis-Chor / Wissenschaftsforum Ruhr e. V. / Essener Kolleg für Geschlechterforschung / Kulturwissenschaftliches Institut Essen (KWI) / d.jems / MyKoWi.net / Das Hanebüchlein / Richtungsding – Zeitschrift für junge Gegenwartsliteratur / Atelier Gabriele Leigraf & Allianz Essen / Blasorchester Essen-Werden / Chor'77 / Essen statt Kultur / Andrea's Partytisch

Block 49: Atelier Susanne Nocke / Kolping – die Vielfalt / Die üblichen Verdächtigen / STIFTUNG ZOLLVEREIN / Initiativkreis Ruhr / Karina's B-Day Elf (oder 7?!) / mootiv – Türkische Initiative Düsseldorf / Spielgruppe Giocando / TIBET INITIATIVE DEUTSCHLAND e. V. / Katholische Erwachsenen- und Familienbildung – Region Essen

Block 50: Balançâo / Die Klüngel / Amicorum Gratia / Wir machen den Tag zur Nacht! / Rollstuhltanzgruppe der MTG Steele-Horst / Nadine's 32. Geburtstag /

Gruppenname: Improvisationstheater Buhrggeister
Beitrag: Musik & Kunst
Ausfahrt: Mülheim, Block 14
Wohnort: Oberhausen, Dinslaken, Essen, Mülheim, Dorsten
Motto: Spiele, scheitere und sei glücklich

Gruppenname: Tipp Kick Ruhrgebiets-WM
Beitrag: Spiel & Spaß
Ausfahrt: Mülheim, Block 14
Wohnort: Essen und Wesel

Gruppenname: BospoRuhrUs
Beitrag: Regionales & Internationales
Ausfahrt: Mülheim Styrum, Block 19
Wohnort: Oberhausen und Essen
Motto: Wo woher kein Thema ist

Gruppenname: „Kunst fördert Kinder"
Beitrag: Sonstiges
Ausfahrt: Essen Huttrop, Block 45
Wohnort: Essen
Motto: „Kunst fördert Kinder"

Gruppenname: Tuba Libre
Beitrag: Musik & Kunst
Ausfahrt: Dreieck Essen-Ost, Block 48
Wohnort: hauptsächlich Essen und aus umliegenden Städten von Düsseldorf bis Herne
Motto: Wir schrecken vor nichts zurück, außer vor Marschmusik und Uniformen!

Gruppenname: Balanção
Beitrag: Musik & Kunst
Ausfahrt: Essen Frillendorf, Block 50
Wohnort: Essen, Bochum, Dortmund, Witten, Duisburg, Dorsten, Rheinberg
Motto: „Rio meets Ruhrpott"

Gruppenname: VfL Fan Club Bochumer Junger
Beitrag: Sport & Hobbys
Ausfahrt: Bochum Stadion, Block 79
Wohnort: hauptsächlich Bochum, aber auch Amsterdam, München, Osnabrück
Motto: Wir sind Ruhrkult, seit 1972

Gruppenname: Union of the Force
Beitrag: Spiel & Spaß
Ausfahrt: Bochum Harpen, Block 81
Wohnort: aus Städten der Metropole Ruhr und darüber hinaus
Motto: Ich dinier im Revier!

Flachhoch[2] / Literarisches Oktett / DerGonzO / DEUTSCHE BAHN

Block 51: Fröhlicher Stammtisch / KSC Manila

Block 52: LETs DO IT / Stille Wasser / Ruhrchor / SGV Gesundheitswandern Werner Latzberg / Borbonus & Company

Block 53: Hausgemeinschaft Lippestadt Dorsten / Gladbecker Blues-Tisch / Haus Bruderhilfe / Devil Dolls Essen – Roller Derby / Die Fischweihers / Ju & Mo

Block 54: Pokerfreunde Husmann / abi2009cfg / Crazy Chicks / Katholische Frauengemeinschaft Gelsenkirchen-Mitte / Christel's U60 / RRC Blitz Essen-Kray 1953 e.V. / 9 Sporties / Katernberger Strickguerilla / Kunstweltrekord auf der Autobahn / CREARTIV Gruppe / Stille Nacht im Still-Leben / Rozi / Jung Holl Pohl / Förderverein / Kommunikationsforum Essen / GIB ZEIT e.V. / „Ruhrblicke" auf der A40 / FC Kray / Spanischer Kultur Verein e. V. / The Moonshiners / Kumpel ärger Dich nich' / Ev. Kirchengemeinde Velbert-Dalbecksbaum / Natalie's birthday swop shop / Ev. Kgm. Freisenbruch-Horst-Eiberg / Verbraucherzentrale NRW / Klosterstürmer Dorsten

Block 55: 40sten / Hildener Jongleure / Elferrat des KKG Geldern (Niederrhein) / helpful art / Baum-Kunstwerke / Meenzer Bube, Meenzer Mädche / Vampire Elysium Gladbeck / Spiel mit uns / Ruhrgebietsrauten / Niederrhein trifft Ruhrgebiet / Erbarmen … die Hessen kommen

Block 56: Spurs Supporters Germany e.V. / Projektwerkstatt 50plus in Gelsenkirchen / Arashi Daiko

Block 57: Wilhelm Buelhoff / Unofighter Gelsenkirchen / FC Schalke 04 Fan Club Schalker Revierknappen e. V. / mypott / Ruhrpottmeisterschaft / Der Pott backt …. NUSSECKEN! / Alt-Herren-Ring Buer und Umgebung von 1908

Block 58: Royal Rangers / 12° Ost / Liebevolle Menschen / TV Westfalia 1884 Buer e.V. / Städt. Musikschule Gelsenkirchen / ZWAR – Beckhausen / ZWAR – Beckhausen / GEknipst – GErätselt – GEschenkt / Still-Lesen / Was willst du leben

Block 60: Kita Lummerland / Kindergarten Wattenscheid in Gambia / Familie Neumann / Überaschungspatiii / Yoga im Alltag / Duftliebhaber / Zilly's Würfelbar / Montagsgruppe / Naadirah / Klöppeltruppe / Drachenflieger und Flieger mit helfenden Händen / PREZIOSA Theatergesellschaft 1883 e.V. / Kunst gesund zu leben / Von Hattingen Welper nach Venedig / Elvis und die Hühner

Block 61: Illiquid / Schalker Trommelgarde / 40 auf der A 40 Thomas & Silvia feiern ihren 40sten! / Nord-West-Verbindung / Siedlergemeinschaft Buer-Bülse / Freunde-Sheffields / Deppen der Meere / Reisefreunde Westheide / TANGO LA BOCA / Rheinland trifft Westfalen / amwindkurs.de / FielFölkerFamilie Feiert / Die flotte Lotte / Junge Union Bochum – Freundeskreis

Block 62: Barcode A 40 / CPD Stamm Martin Luther Höntrop / Squash- und Kulturclub / Gänsereiterclub

Höntrop von 1598 e.V. / Familiensonntag auf der Autobahn / Rechenzentrum 1980 / Die Toppfitts / V-6 / DUC-Wattenscheid e.V. / Ruhrpottschnauzen / Ruhrpiraten singen Lieder vom Lac / Fantasy-Rollenspiel / Wikipediastammtisch Ruhrgebiet / Einweg-Combo / Ruhrpottadel / AgRs-Stammtisch / FREUNDE / Frauenbibliothek Leihse

Block 64: Geo-Reisecommunity live

Block 67: LYRIKwelt – Das LiteraturPortal im Internet! / Wellinghofer Blechbläserensemble / Nachbarschaft Höntroper Straße 64 / Katholische Erwachsenen- und Familienbildung / Xing-Bochum für Aktive

Block 68: Kegelclub Pudelfreunde / Revier-Magazinler / Rhythm Deep / Radsportverein RSV Hattingen 83 e.V. / DARC e.V. OV Velbert / R15 / DL0VR / Tuschespaß / Werbegemeinschaft Ehrenfelder Fachgeschäfte e.V. / spielend lernen

Block 69: NRW.URBAN / Foto-AG / Kunst4tel / UNDING / deutsch-italienische gesellschaft (cicuit) / Herner Bündnis gegen Depression e.V. / Die Spieler / Von WIEN nach WATTENSCHEID / Spvg. Eppendorf / MahSallah und Recki Twirlers / Honigbiene / BILD Ruhrgebiet

Block 70: 1848er / SCHREIBtisch / Die Kunst gesund zu leben / RLCD e.V. / RDB BV TFH zu Bochum / Volkstanzgruppe der Landfrauen Schwaney / Ralf Hennig – Lebensautobahn / Sanilejajoka / UnverwechselBAR

Block 71: Buena Vista Rio / Caritas und Kfd – Wanne und Eickel! / Wir sind die „Sitting Bulls", ein seit 10 Jahren bestehender Rollstuhlbasketballverein / Mein Ruhrgebiet / Bochumer Bündnis gegen Depression / Inge Meyer-Dietrich und Anja Kiel lesen vo⁻ / Kunst gesund zu leben / Pilgern auf den Jakobswegen / SGV Wattenscheid / Gut Schuß

Block 72: echtzeitmusik2010 / Square Breakers Recklinghausen / ANDERSRUM auf Schalke / Forum wanne-eickel.de / A 40-Portraits

Block 73: Motorsportfreunde Bochum e.V. / POINT Ulrich Steinharter / SJD Die Falken Unterbezirk Recklinghausen

Block 74: Kath. Jugend/ BDKJ Bochum & Wattenscheid / Löwenherz und Lions-Club Marl-im-Revier / Wanner Sprungwurfperlen / Kunst heilt: Mandalas / LWL-Industriemuseum Henrichshütte Hattingen – HELDEN -Ausstellung / LWL-Industriemuseum Zeche Nachtigall Witten / LWL-Industriemuseum, Zeche Zollern, Dortmund / Stadt Castrop-Rauxel / LWL-Industriemuseum Zeche Hannover / Ben Delaney & Friends / Glück auf, Glück auf… komm ma' lecker bei mich bei

Block 75: 10 Jahre Marketing-Club Bochum e. V. / Klub Langer Menschen (KLM) / Carmens Fuß Mobil / Sinfonisches Bläserensemble KuMuLi / Marketing der Stadt Marl / Mond-Radio e.V. / Jedem Kind ein Instrument / Vogelwarte Ruhr 2010 / Väter im Ruhrgebiet e.V. und Balanda Beat / VDE Rhein-Ruhr e.V. / Die

Lokalpatrioten – Bürgerstiftungen für das Ruhrgebiet / Kultur und Kunst am Fuße der Isenburg / Architektenkammer Nordrhein-Westfalen / ShiatsuMobil NRW / Budokan Bochum e.V. / Die Löper e.V. / KgV / Zu den vier Winden / Ingenieurkammer-Bau NRW / 30. Hochzeitstag Peter und Marlies / deff'n'dumb

Block 76: Kaffeeseminar / Geburtstagsfeier Henrik / Diner en blanc / Technisches Hilfswerk (THW) / Mach Druck gegen CO2! / Familientreffen im Pott / Kunst gesund zu leben / Arche Noah – Kurzzeiteinrichtung und Hospiz für Kinder

Block 77: Die Schwimmgrazien von Hagen 94

Block 78: Anna, Katja + Micha / Hospizarbeit Bochum / dievierjetztlustigenneun / 7ECK TREFFEN

Block 79: RUB Alumni / Bochumer Jungen Vfl Fanclub / Skiklub Bochum / Familienkreis der Gemeinde Sel. Nik. Groß / coolibri / Best Ager / 25 Jahre – reichlich dankbar / Asphalt-Kids / Lehrstuhl Literaturdidaktik der RUB / small stars / Stadtbücherei Bochum / Riedel Communications GmbH & Co. KG / Schalker Ruhrknappen Wengern e.V. / Josey 6 / Bochums Kreative Klasse

Block 80: UNO-Stammtisch Herne / Förderverein Harpen e.V. / Lindenstraße / Geburtstagsfeier Tobi Büch

Block 81: Leckerschmecker on Tour / Leckerschmecker on Tour / uotf.de – Star Wars Dinner BO-HER-UN / RUB Sprachabteilung Deutsch als Fremdsprache/ Zentrum für Fremdsprachenausbildung / Technische Fachhochschule Georg Agricola Bochum / Ev. Fachhochschule Rheinland-Westfalen-Lippe / WasserSportVerein Herne 1920 e.V. / Schulparlament der Christopherusschule Bochum / Musisches Zentrum der RUB / RUB Sprachabteilung DaF / ZFA / Ev. Familienzentrum Hochschule Bochum / Frauenlauftreff Stockum / Ev. Familienzentrum / Technische Fachhochschule Georg Agricola Bochum / Deutsches Bergbau-Museum

Block 82: Studienkreis Film der Ruhr-Universität Bochum – das Uni-Kino der RUB / Wilde Wörter (oder so …) / International Office / Tanzkreis im Tanz-Sport-Club (TSC) Blau-Gelb Hagen e.V. / Die Kunst gesund zu leben

Block 83: Mecube / Samstagsrunde im TC Emschertal / Kreuz und Quer / USC Bochum Fechten / Die Jecken aus Marl / VFL Bochum Fanclub Rote Laterne 1996 / Deutsch-Finnische Gesellschaft NRW / Show Girls / Bauscout-NRW / TanzUHUS / Trabi-Stammtisch Blaue Wolke Wuppertal / Wir treffen uns mit Freunden / Städtepartnerschaft Bochum-Oviedo / Bochum Miners / komßikomßa / WirbelWeiber / Stamm Khamsin e.V. / Mond von Wanne-Eickel / VfB 48/64 Hüls e.V. – Hockey / Gesichter der RuhrStadt / Esperanto-Gruppe Essen / so viel Zeit / Hartmut Räder & Mitdenkarbeiter / RPB2010 / Wein Molitor Recklinghausen / Von wegen „Still" leben / Let´s dance

Block 84: Gruppe Kunterbunt / ruhrgebiet-kult.de Marion & Klaus / SV Langendreer 04 / Circulus animorum barkenbergensis / Volksbühne Bochum / Babs und ihre Freunde von 50plus-Treff / Die Haardcacher / „Anne Castroper" / TG Harpen 88 / Helen Doron Early English Centre Kamen, Lünen, Dortmund und Bochum / 60 Jahre Siedlergemeinschaft „Am Schleipweg" / Kinder des Ruhrgebiets / Schöppinger Kaffeeklatsch / freizeit gourmet

Block 85: TC-LetsDance / Die Flaschen / MGV Gerthe 1881 / Bürgerbücherei Welper / Freistaat Oberbauer / Interessengemeinschaft Ennepetal-Altenvoerde / Heimatverein Voerde in Ennepetal e.V. / Schmiedestraße / Romantikclub Hattingen / Bildungs- & KulturInitiative e.V. Bildung-Kultur.org / 5 Frauen und Sybille ist keine Rentnerin / WOHNPROJEKT BUNTSTIFT IN BOCHUM-LANGENDREER / Geronimo / VegaDo – Dortmund vegan / Universitätsverein Witten/Herdecke | Denkleister / 40 Jahre pro familia Witten / Familie Liebetrau

Block 86: DIE AULI' s / Diner blanc en chapeau

Block 87: Freie evang. Gemeinde BO-Langendreer / Noch'n Lied / Ludonauten.de / Die Cäcilienfunken / Die Sahnehäubchen / bochumer handball club 1976 / Drama Ministry e.V. / Familien- und Krankenpflege e.V. Witten / Eltern und Kinder / Vestischer Haardchor / Kunst gesund zu leben / Vestischer Haardchor Herten / Ungarnfreunde / Rhein-Sauerland-Crew meets A 40

Block 88: Rummikub-Spielgemeinschaft HaHo 308 / Ruhrlese.2010 / Spaß- und Wandergemeinschaft Langendreer / Square Dance / Langendreerer Dorfpostille /

Deutsche Pfadfinderschaft St. Georg, Stamm St. Lambertus, Castrop / JUX-BAN-JUX / Hauptsache iss dabei … / TSG Regenbogen Bochum-Werne e.V. / TTH-Dorsten presents / Mixed Voices / Amts-Apotheke / Christliche Mediziner / BochumerTrommelWerk – BOTROW / Ev. Kirchengemeinde Harpen / Sommer, Sonne, Ferien pur – So lässt' s sich leben an der Ruhr / Nicht nur Bocksbeutel im Pott / „Balkan Blues" + „Pico Bello" + Freunde / www.langendreer-info.de / Gesellschaft Bochum – Donezk e.V. / Kunstkrebse Atelier Skala / Zeitsprung Entertainment GmbH / Wir sind's / SV Langendreer 04 -Volleyball e.V. / 50plus Treff Regionalgruppe MKS / Kulturbeutel / TSC Haltern e.V.

Block 89: Runder Geburtstag / Skatclub Mauerfall / Meisterinnen der Hauswirtschaft / Lingua Szena BO Projektfabrik Witten e.V und IFAK e.V. / 30. Hochzeitstag Peter und Marlies / Pauls friends / Verwandte und Freunde (Familie Pollmann und Hante)

Block 90: Die gemütlichen, singenden Radelrentner / Mr.Nines Soca Sound & The Kreta Warriors / Nik' s Tanzschule für Argentinischen Tango / Zimmer im Revier / Schützenbruderschaft St. Maria Magdalena Bruchhausen 1849 e.V. / 60five / Realschule Wetter / Posaunenchor Haus Hove/Oberwengern / Chorfamilien – Tierisch gut drauf ! / La Grande Boeuf / Geburtstag von Franz / Christen in Bochum

Block 91: Kolpingjugend Werne / Förderverein des Stadtmuseums Werne a. L. / Heimatverein Werne / Wir

für Werne Familie Klimecki / GrashalmInstitut – Kunstverein Werne / Turnverein Werne von 1903 e.V. / Sportfreunde Eintracht Gevelsberg Basketball / Shakespearefreunde Lennep / Dschungelcamp auf der A 40

Block 92: Knack 31 / Fußball-Hauptstadt / „UNSER DORF" 44388 / Hellweg Shufflers Dortmund e.V. / LindyPott – Lindy Hop im Ruhrgebiet / 40-jähriger Freundeskreis aus der Pfadfinderschaft / LüDO-Picknicker / Somborn Chor / Pfadfinder-Lütgendortmund / DPSG Lütgendortmund / Ruhrschall.com / Bier-Pong / Familienrummeldibummel / Bodypainting Gesine Marwedel / Thomas van de Wall / Mario Lupo / Besondere Kunst besonderer Menschen / Freundeskreis Mannheim / We are family! / Ruhrzustände / TG-Münster / Jakobspilger / LebensKünstler / Die Kunst gesund zu leben / Kegelclub ‚MALLORCA' / Barakuda Club Witten – Tauchschule Brauer / Still-Leben 2.0 / RaG-Gaming / Ulrikes Geburtstagsfeier / Tanzgruppe Ma'agal

Block 93: Ev. Kirchengemeinden Christus und Elias

Block 94: Liebe-Bruegge-Novgorod / 6er-Pack / AKKORDA Akkordeonorchester Datteln / Freunde des Büro für Kinderinteressen Dortmund / Die Pottimisten / Wohnen mit Kindern – Hacheney / Family Krefeld / Datteln / Deutsch-spanische Kulturgesellschaft AccETTD / CÁCERES – Europäische Kulturhauptstadt 2016 / Tierschutzorganisation Arche90 e.V. / Comic Flower Power revival / we-are-one

Gruppenname: Kinder- und Jugendzirkus "Jux-Ban-Jux"
Beitrag: Spiel & Spaß
Ausfahrt: Bochum Werne, Block 88
Wohnort: Witten, Herdecke, Wetter
Motto: Wir bewegen das Still-Leben

GRUPPE DER WOCHE
STILL-LEBEN RUHRSCHNELLWEG 40

Gruppenname: Ruhrlese.2010
Beitrag: Musik & Kunst
Ausfahrt: Bochum Werne, Block 88
Wohnort: Bochum
Motto: Lite-Ruhr-isches Lesen und lesen lassen!

Block 95: Städtepartnerschaftsverein Hagen / Fichte-Grundschule Neu-Asseln / Die Ruhrtaler / Kochfreunde – Auf den Spuren von Henriette Davidis / Nicoles Geburtstagstisch / SHA Scheffler Helbich Architekten / BvB Fanclub Altenautal 1988 / Die Fresi-Nüsse

Block 96: KulturMeileNordstadt

Block 97: Mutter/Kind Chor Ev. KiTa St.Petri / Team VINCI / Musical Company, Kids Company und das Tanztheater der Stadt Hamm / Musical Company, Kidscompany und Tanztheater der Stadt Hamm / KSV Witten 07 / Familie, Freunde, SUPS und Kurs 30 / DIY Academy / Stadt Hamm – Stadtmarketing / Schrebbagatten / Bürger-Schützen-Verein Oespel-Kley / Stadt Hamm – Kulturbüro / Art of Moving, Tanzabteilung des TuS1859 Hamm e. V. / Leben u Arbeiten in Europa / Gemeinde Christus unser Friede / Rezepte-Tauschbörse / JUKU Hamm / Familie Kaiser + Gäste / Deutsches Komitee der AIESEC e.V. – AIESEC/IAESTE Lokalkomitee Dortmund

Block 98: Das Grafit-Krimipicknick / Bielefeld-Didgers / Die lebensrettenden Intensivgruftie' s / Arbeiterwohlfahrt Kirchderne / AWO Ortsverein Benninghofen / AWO Ortsverein Persebeck / AWO Ortsverein Wellinghofen / AWO Stuhlersteigerer / AWO Tipp-Kick-Turnier für Groß und Klein / AWO Werkstätten Werkbereich / AWO Jugendfreizeitstätte Derne / AWO Streetwork / AWO-Ov.-Brünninghausen, Erna-David-Zentrum, Minna-Sattler-Zentrum / AWO HipHop-Pro-

jekt / Plan B: RU(e)HRende Geschichten / AWO-Werkstätten Dortmund / Plan B: POTTrät deiner Stadt / AWO StadtZentrum spielt Schach / C³ und die Schwerter Musikszene LIVE / AWO Erzählcafé / AWO INTEGRATIONSAGENTUR DORTMUND / AWO Eugen-Krautscheid-Haus / AWO Spiel und Spaß Brett- und Tischspiele / AWO Kartenspiel / AWO Spielen ohne Material / AWO Memory / Atelier / Menschen sehen

Block 99: Gerber Architekten / Spieleabend / Dortmunder Poeten / Leeds & Dortmund

Block 100: Monika & Norbert / Auslandsgesellschaft Deutschland e.V. / Kreismuseum Wewelsburg / Die Borker / Team Horst

Block 101: ConGas / Ballsportfreunde / Kubb-Klubb / Loriots-Dinnershow / Florian Singers Dortmund e.V. / Wille System GmbH / Irma / Vereinigung zur Förderung der Westfälischen GENUSSkultur – RUHR2010 / cpt. overeye / Thomas' Geburtstagstreff / Verein Deutsche Sprache e.V. / Wolfgang Büll und Freunde / SV Eichlinghofen 1935 / FaKiR / Elffeast e.V. Dortmund / Die Ahlenberger / Funky Blue / Geez Weiler und Fritz Kriegeskorte – Lesen und Schreiben nach Lust und Laune / Zonta Club Dortmund / ocean spray

Block 102: Familie Deimann & Freunde / Beuth Hochschule für Technik / Alles Frische Nowak / Nowaks Frischemarkt / Feuerpädagogik Verein / TAPE ROCK3RS / Die Kunst gesund zu leben / Die Käseigel

Block 103: Open Air Milonga / CVJM Dortmund / Ev.

Posaunenchor Do-Brackel / RuhrKopf-DoppelPott / Carpe diem / Fangruppe Thomas Godoj & Band / Still-Lego-Turm de Ruhr / gegen-einzelhaltung.de und welli.net / Väterkreis der Thomaskirche 59192 Bergkamen / BauchBörner / Falun-Dafa in Dortmund / Kraftquell – Silvia Kampfert / Tapas Time / WDR 2. Der Sender / Chor Total Vokal / die sammler / Alltagssprache – Alltagskultur

Block 104: speedinlove.de / Glückspilz No. 1 – Markus feiert Geburtstag / BvB-Fanclub / Wir machen BLAU! / PING e.V. / „Die Familienunternehmer"-ASU / Stichting Collectief Goedbezig / Hexenladen *Trudimonia* Hexe Minerva & Friends / Lesefreunde / Reden ist Gold / Vocal Crew / Jobclub Dortmund / TTV Preußen 47 Lünen e.V. / HEIKE WIRD 47 AUF DER 40 / Hockeeehte ;-)

Block 105: [salon] atelier / Chorleriker / Wambeler Berg / Slado e.V. / Falkenstein Kroll Ingenieure / Realschule Altenhagen / Bäck tuse ruuts / Chor Querbeet / Die fantastischen Verler Pokerfreunde / Kindergeburtstag wie vor 20 Jahren / Atti hat Geburtstag / Beginen Unna / Calypsonic e.V.

Block 106: DASA und Freunde

Block 107: Mad Andy & the B' s / Chor Provokal e.V. / Gospelchor Joyful / Eynevolk / windo e. V. – Wissenschaft in Dortmund / Technische Universität Dortmund / Niekao Lernwelten / TANGO, Milonga, Vals / Quer durchs Land / Die Germanen / viality

Block 108: Stammtisch / Spanisch-Stammtisch

Block 109: Gestaltmanufaktur / Un giorno italiano / Hallo – Guck mal…. / LOW DOWN / Transgender Tisch / Die Hegauer / „Die Köttarier" / MeinPianoabend / Hoch-Zeits-Tisch für Soni & Jochen / DORTMUNDER KAMMERCHOR – Junge Vokalisten – / Shiatsu – Hot Stone – Pilates / 30 Jahre Werner & Sabine / Die original Hornebachtaler Musikanten / Xing Dortmund-Unna / Marticon / Zwischen Sülzkotelett und Soleiern – Vergessene Kneipenkultur des Ruhrgebietes / rollingRUHRstone / Ett läufft 97 eTG

Block 110: Fachschaft Raumplanung / Marie-Antoinette-Kuchen-Esser / BOCKUM BOWLERS / Johannas Geburtstagstisch / Wanderfreunde Ergste / U.S.C. Waltrop e.V. / Malteser Hospizdienste Dortmund / Salsa Picknick / symbol-group | since 2004 /

www.farb-text-i.de / KompetenzKabarett / BALKE – Fußballer, Models, Zivilisten

Block 111: Dorothe Kröger & Freunde / Wohnkultur / Volksbühne Höchsten 1922 e. V. / Stein an Stein / Marathon auf der A 40 / Erportler und Freunde / AKTIVOLI / SRI LANKA TRIFFT DEUTSCHLAND / PTA – Fachschule Castrop-Rauxel / Mielke-Familie / WestVanArt / A 40-verbindet / Sportjugend im StadtSportBund Dortmund e.V. / Radsportverein DORTMUND-NORD 79

Block 112: Zapfhahn präsentiert: DIE CURRYWURST kommt aus dem Pott / ADFC Werne an der Lippe / Deutsche Schreberjugend Dortmund e.V. / Allet aus' m Pott / Vorsicht Freunde / Multikulturelles Forum e.V. / Kaffeeseminar / United Ruhr Pipes and Drums / Orange but Green / Undpunkt / Literatur Zirkel / Flying Ducks / NATUR.talent / Dortmunder Kunstverein

Block 113: Belles & Beaux Dortmund e.V. / Back to the routs / Die Pinken Finken / Bienert und Freunde / Doppeldulle trifft Riesenpuzzle / Familie Kimminus und Freunde / DoKo / messkunst trifft brauknst / Ev.-Paul-Gerhardt-Kirchengemeinde / Ev. Jugend St. Reinoldi & Paul-Gerhardt/St. Marien / Die Mundorganisten / Ev. Studierendengemeinde / Ev. Kirchengemeinde Hörde / Ev. Bildungswerk Dortmund / AltenAkademie – Forum für Bildung und Begegnung e.V. / Sonntags-Schnitzler / stage2music / Senioren und Seniorinnen / Kirchenmäuse Maria Königin KMMK

Block 114: Annika feiert Geburtstag / Choralschola St. Margareta, Münster / Die Kulisse Studio-Bühne Lünen e.V. / Halfmann-Design / Team Handwerk / St. Bonifatius-Gemeinde Dortmund-Mitte

Block 115: Gemeinsam mit Freunden / SV Derne – Sealions / Gesellschaft für Westfälische Wirtschaftsgeschichte e.V. / Ev. Kirchengemeinde Holzwickede und Opherdicke / Der längste Fußballschal der Welt / RAA Kreis Unna / Mehrgenerationenhaus Mütterzentrum Dortmund / Treffpunkt Villa / Literatur-Werkstatt-Luenen / proKULTUR Ehrenamt für Kultur in Dortmund e.V. / Lesefreunde / Römerfreunde Stadtmuseum Bergkamen / Künstlergruppe Schle 1 e.V. Bergkamen / Gennevilliers (Partnerstadt von Bergkamen) / Stadtmarketing Bergkamen / mettwoch.de / NABU / Die Lohbachfalter

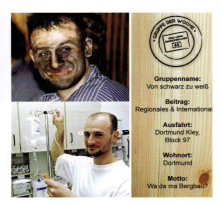

Gruppenname: Von schwarz zu weiß
Beitrag: Regionales & International
Ausfahrt: Dortmund Kley, Block 97
Wohnort: Dortmund
Motto: Wa da ma Bergbau?

Gruppenname: Wikipedia Stammtisch Ruhrgebiet
Beitrag: Regionales und Internationales
Ausfahrt: Bochum Harpen, Bochum Wattenscheid
Wohnort: Metropole Ruhr
Motto: Wir sammeln das Wissen des Ruhrgebiets!

Ohne SIE wäre dieser Tag nicht möglich gewesen!

Gebietsleiter

Frank Brake, Event

Bernd Hagen, Auf-/ Abbau

Jens Herre, Auf-/ Abbau

Christian Kleffmann, Event

Danica Lind, Event

Torsten Petersen, Event

Veit-André Popov, Event

Dirk Reichert, Event

Thomas Schröder, Event

Arno Sousa, Auf-/ Abbau

Mark Spannhoff, Auf-/ Abbau

Uwe Spraffke, Auf-/ Abbau

Ralf Stroetmann, Sicherheitsberater

Edmund Uebelacker, Auf-/ Abbau

TAS Emotional Marketing

Gundula Beck, Organisatorische Leitung

Christopher Borck, Programm, Personal

Steffi Dräger, Teilnehmermanagement

Dominik Dugandzic, Sponsoring

Lea Eickhoff, Presse

Sandra Fechner, Geschäftsführung Finanzen

Sven Haimhof, Sponsoring

Stefan Henske, Assistenz Logistik

Tobias Heyne, Presse

Dirk Jöhle, Berater

Jennifer Koch, Praktikantin

Michael Kosian, Logistik

Stefan Lohrberg, Presse

Yvonne Lünzmann, Leitung Presse

Peter Mohnhaupt, Geschäftsführer

Yannah Müller, Teilnehmermanagement

Meike Nykamp, Sponsoring

Barbara Oeking, Assistenz Programm

Sonja Peger, Organisatorische Leitung

Marco Pitzer, Logistikpoints

Thomas Siepmann, Geschäftsführer

Maria Spitzbarth, Presse

Christina Sprankel, Personal

Jens Wachowitz, Sponsoring

Julia Wallschus, Business Development

Mariebelle Winters, Presse

rgb GmbH

Mike Brockmann, Technische Leitung

Patric Güntermann, Technischer Zeichner

David Suermann, Technische Planung

Christoph Winkel, Technischer Planer

Polizeipräsidium Essen

Holger Fischer, Polizeihauptkommissar

Dirk Harder, Polizeidirektor

Fritz Unterberg, Leitender Polizeidirektor

Bundespolizei NRW

Ullrich Langer, Stellvertretender Inspektionsleiter Dortmund

Feuerwehr Essen

Ulrich Bogdahn, Leiter Feuerwehr Essen

Thomas Lembeck, Stellvertretender Amtsleiter der Feuerwehr Essen

Jörg Wackerhahn, Abteilungsleiter vorbeugender Brandschutz

Deutsches Rotes Kreuz

Patrick Arndt, Sachgebietsleiter Einsatz DRK

Malteser Hilfsdienst

Stefan Weiser, Leiter Einsatzdienste Malteser Hilfsdienst

Ministerium für Bauen und Verkehr des Landes NRW

Ulrich Malburg, Leiter Referat Verkehrssicherheit und Telematik

Innenministerium NRW

Helmut Probst, Inspekteur der Feuerwehr

Landesbetrieb Straßenbau Nordrhein-Westfalen (Straßen.NRW)

Jürgen Busche, Autobahnmeister Duisburg

Bernd Knoblauch, Autobahnmeister Ratingen

Hans Kuchenbecker, Autobahnmeister Dortmund

Hajo Kuhlisch, Referatsleiter

Bernd Lohmann, Vergabe Verkehrsgutachten

Franz-Josef Neuhaus, Abteilungsleiter Betrieb und Verkehr

Christoph Querdel, Abteilungsleiter Landesbetrieb

Rainer Richter, Verkehrslenkung und -führung

Dirk Schäfer, Koordination Verkehrsführung, Beschilderung

Ingrid Scholtz, Zentrale Kommunikation

Bundesanstalt Technisches Hilfswerk (THW)

Dr. Hans-Ingo Schliwienski, Landesbeauftragter THW für NRW

Rainer Schwierczinski, THW-Vizepräsident

Dr. Bernd Springer, Leiter THW Bochum

DB Schenker

Udo Beyer, DB Schenker-Projektmanager für das Gesamtprojekt RUHR.2010

Katja Scheler, Projektmanagerin

Thomas Verhülsdonk, Projektmanager

Bezirksregierung Düsseldorf

Dominik Eisele, Verkehrsingenieur

Thomas Plück, Dezernent Verkehr

Doris Rabe, Sachbearbeiterin Verkehr

Bezirksregierung Arnsberg

Franz-Josef Dietz, Verkehrsingenieur

Dr. Thomas Wilk, Verkehrsdezernent

Verkehrsverbund Rhein-Ruhr (VRR AöR)

Jürgen Hambuch, Abteilungsleiter Nahverkehrsmanagement

Coco Heger-Mehnert, Kulturhauptstadtbeauftragte

Jens Wächter, Konzeption öffentlicher Nahverkehr

Allgemeiner Deutscher Fahrrad-Club e.V. (ADFC)

Ulrich Kalle, Geschäftsführer ADFC NRW

Claudia Krieger, Touristische Projekte

Ulrich Syberg, Stellvertretender Vorsitzender ADFC NRW

Werner Wülfing, Mitglied des ADFC-Landesvorstands

Deutsches Zentrum für Luft- und Raumfahrt e.V. (DLR)

Bernhard Fuhrmann, Leiter Politik- und Wirtschaftsbeziehungen

Rolf Jansen, Politik- und Wirtschaftsbeziehungen

Städte

Stadt Duisburg

Axel Brenner, Stadtentwicklung

Dr. Söke Dinkla, Leiterin Kulturhauptstadtbüro Duisburg

Peter Feldbusch, Verkehrsbehörde

Kornelia Kerth-Jahn, Kulturhauptstadtbüro Öffentlichkeitsarbeit

Klaus-Peter Tomberg, Leiter Sonderprojekte

Joachim Winkelmann, Feuerwehr Duisburg

Teresa Wohlrab, Projektmanagement Sonderprojekte

Stadt Oberhausen

Volker Buchloh, Leiter Kulturbüro Oberhausen

Rudolf Jandewerth, Feuerwehr Oberhausen

Jürgen Neumann, Kulturbüro Oberhausen

Wolfgang Tingler, Feuerwehr Oberhausen

Stadt Mülheim an der Ruhr

Marc Becker, Projektkoordinator des Kulturhauptstadtbüros

Holger Bergmann, Kulturhauptstadtbüro Mülheim

Hans-Joachim Fietz, Feuerwehr Mülheim

Thomas Herber, Feuerwehr Mülheim

Roland Jansen, Stadtverwaltung Mülheim

Michael Kosch, Amt für Verkehrswesen

Hartmut Mäurer, Leiter Kulturhauptstadtbüro Mülheim

Stadt Essen

Siegfried Kreuzenbeck, Verkehrs- und Baustellenmanagement

Jürgen Lückemeyer, Polizei Essen, Direktion Verkehr

Michael Quadt, Leiter Kulturhauptstadtbüro Essen

Dieter Schmitz, Verkehrsbehörde

Thomas Schulz, Polizei Essen, Direktion Verkehr

Klaus Stock, Amt für Verkehrs- und Baustellenmanagement

Dr. Rolf Tiggemann, Kulturhauptstadtbüro Essen

Robert Welzel, Kulturhauptstadtbüro Essen

Stadt Gelsenkirchen

Volker Bandelow, Leiter des Referats Kultur der Stadt Gelsenkirchen

Olaf Geldermann, Polizeipräsidium Gelsenkirchen, Direktion Verkehr

Jörg Konietzka, Referat Verkehr

Birgit Lösche, Kulturhauptstadtbüro Gelsenkirchen

Stadt Bochum

Christiane Bremer, Verkehrsplanung

Sandra Hinzmann, Stadtbücherei Bildungs- und Verwaltungszentrum

Reinhard Krakow, Kulturbüro Bochum

Hans-Joachim Lukas, Ordnungsamt

Christoph Mandera, Kulturhauptstadtbeauftragter

Werner Schlochtermeier, Dezernat III, Stadt Bochum

Thomas Sichelt, Kulturbüro Bochum

Dieter Töpfer, Verkehrsplanung

Gudrun Wiezien-Theuer, Verkehrsplanung

Andreas Wrobel, Feuerwehr Bochum

Stadt Dortmund

Gero Droste, Feuerwehr Dortmund

Jürgen Feuser, Tiefbauamt

Albert Götzmann, Kulturhauptstadtbeauftragter

Rolf Kuttig, Beauftragter RUHR. 2010

Werner Nolte, Tiefbauamt

Gewerke

Ingenieurgruppe IVV GmbH & Co. KG

Dr.-Ing. Dirk Serwill, Reiner Vollmer

Schmidt, von der Osten & Huber

Dr. Notker Lützenrath, Dr. Ulf Rademacher

AULINGER Rechtsanwälte

Dr. Stefan Mager, Dr. Andreas Lotze

Leich&Deppe

Andreas Deppe

Ticket.NRW GmbH

Philip Michel, Katja Speer

RIEDEL Communications GmbH & Co.KG

Christoph Herholz, Marc Schneider, Ines-Julia Schniewind

Dammann Absperrung GmbH

Klaus Peter Dammann, Christoph Schulze, Dennis Suhr

B.A.S Verkehrstechnik AG

Ralph Goerres, Frank Scheuer-Hegerkamp, Arndt Herrmann

TOI TOI & DIXI Sanitärsysteme GmbH

Manfred Lehmann, Siegfried Morsbach

TUEG Schillings

David Odenthal, Michael Schillings, Moritz Schillings

Premium-Drive GmbH

Yasin Baghli, Marc Schüler, Ulrich Telke

Lions Club

Dr. Georg Langer

AWO Bezirk Westliches Westfalen e.V.

Jörg Richard

Verkehrswacht Düsseldorf

Simon Höhner, Marcus Lamik

RUHR.2010-Team

Geschäftsführung
Dr. h.c. Fritz Pleitgen (Vorsitz), Prof. Dr. Oliver Scheytt

Büro der Geschäftsführung
Maria Baumeister, Gisela Geilert , Marc Grandmontagne
(bis 04/2010), Ines Kockro, Catharina Müller (Volontärin Evaluation)

Programmkoordination
Jürgen Fischer, Jessica Lehmann (Disposition/Assistenz),
Julia Kuhne (Volontärin)

Internationale Beziehungen
Prof. Hanns-Dietrich Schmidt, Susanne Skipiol

Sponsoring
Brigitte Norwidat-Altmann (Leitung), Dagmar Dohm,
Friederike Laurenz, Susanne Schuran

Justitiariat
Marc Stefan Sickel (Justitiar), Daniela Rüsing (Assistenz),
Sabine Rehberg (stellv. Justitiarin), Anja Weinhold (Volontärin
bis 05/2010)

Marketing & Kommunikation
Katharina Langsch (Direktorin), Dr. Julia Frohne (Direktorin
bis 05/2010) Lea Duckwitz (Assistenz)
Projektteam Nadja Grizzo, Melanie Kemner, Torsten Krengel,
Vera Schernus, Nicola Schlitzer, Bettina Steindl,
Kathrin Osthus (Volontärin), Svenja Reinecke (FSJ Kultur),
Pia Bradt (FSJ Kultur),
Veranstaltungsmanagement Ralph Kindel (Leitung),
Daniela Böing, Jens Herre
Protokoll / Hospitality / Tourismus Angelika Baege,
Anne Diepenhorst, Christoph Lottritz (bis 06/2010),
Dorothea Liebscher (Volontärin)

Künstlerische Direktoren
Prof. Dieter Gorny, Prof. Karl-Heinz Petzinka, Asli Sevindim,
Steven Sloane

Büro der Künstlerischen Leitung
Dr. Simone Koslowski (Leitung), Claudia Barten,
Britta Verbeet

Stadt der Möglichkeiten
Prof. Karl-Heinz Petzinka (Direktor), Katja Aßmann (Programmleitung),
Anne Fuchs, Anna Fuy, Susanne Münch, Anja Ziebarth,
Christine Domgörgen (Volontärin), Marcel Knoll (Volontär)
SchachtZeichen Sabine Radomski (Projektleitung), Henry
Beierlorzer, Christa Brockelmanns, Sibel Erkilet, Martin Janik,
Heidrun Kuhlmann, Michael Moos, Hannah Neumann,
Thorsten Thies, Dr. Rolf Tiggemann
RuhrKunstMuseen Julia Kulla, Carolin Nüser

Stadt der Kulturen
Asli Sevindim (Direktorin), Ria Jansenberger (Programmleitung),
Christina Kemnitz, Dr. Michael Paaß, Elmas Topcu,
Friederike Zenk, Laura Wilke (FSJ Kultur)
MELEZ Susanne Puchberger (Projektleitung), Anne Kleiner
(Produktionsleitung), Jana Marscheider (Volontärin)

Stadt der Künste
Steven Sloane (Direktor), Marietta Piekenbrock (Programmleitung),
Susanne Adam, Karin Dietrich, Judith Jäger, Eytan Pessen, Julia Vogt,
Michael Walter (Volontär)
Odyssee Europa Anne Kleiner, Tanja Martin, Ulrike Seybold
!SING – DAY OF SONG Benedikte Baumann (Projektleitung),
Jonathan Eaton (Künstlerische Leitung), Sandra Czerwonka,
Sophia Villinger, Bea Kießlinger, Romy Blaue,
Miryam-Jeanine Minaty, Janina Jansen, David Schemberg
(FSJ Kultur)

Stadt der Kreativität
Prof. Dieter Gorny (Direktor), Mayte Peters (Assistenz bis 04/2010),
Sandra Czerwonka (Assistenz ab 10/2010), Bernd Fesel,
Claudia Löhr, Katja Lucker, Britta Morzick, Nadin Deventer
2010LAB Anja Distelrath, Christine Bleks, René Bogdanski
Bettina Classen, Michael Harmata, Michael Krömer,
René Krüger, Thomas Küppers
Kreativ.Quartiere Mustafa Tazeoglu, Regina Drabiniok,
Thomas Zehnter, Siegfried Schneider, Christian Finzel

Kontaktbüro Wissenschaft
Annina Lottermann

Presse und Internet
Presse Marc Oliver Hänig (Pressesprecher), Clemens Baier,
Dr. Nikolaj Beier, Felicitas Fletcher, Christa Hall, Jan Pauly,
Hella Sinnhuber, Katharina Jarzombek (Leitung
Internationale PR), Daniela Ott (Internationale PR)
Internet Claudia Wagner (Leitung bis 09/2010),
Helen Weißenbach (Leitung ab 09/2010), Isabel Ufer,
Christoph Sigl (Praktikant)

Administration
Dr. Ronald Seeliger (Kaufmännischer Direktor), Daniela Rüsing
(Assistenz), Thomas Heskia (Verwaltungsleiter bis 09/2010),
Natalja Riffel (Leitung Buchhaltung), Natascha Thomaidis,
Christiane Opel (Buchhaltung), Petra Hußmann
(Leitung Personalwesen), Romy Blaue, Sven Tessmann
(IT-Koordination/Mediengestaltung), Ulrike Bargel-Beckers
(Büroorganisation), Yvonne Giebel (Empfang), Benjamin Legrand
(Archiv/Dokumentation)
Controlling Lukas Crepaz (Leitung), Nasim Beizai, Björn Michelis
Volunteers-Management Renate Lorsong, Christian Thoben,
Sabine Genrich (Volontärin)

Stand: 31.08.2010

Impressum

1. Auflage November 2010

Herausgeber
RUHR.2010 GmbH
„Essen für das Ruhrgebiet"

Redaktion und Koordination
Melanie Kemner (RUHR.2010 GmbH)
Achim Nöllenheidt (Klartext Verlag)

Lektorat
Helmut Jantzen (KNSK)
Nadja Grizzo (RUHR.2010)

Kreation & Design
Achim Nöllenheidt (Klartext Verlag)

Umschlaggestaltung
Volker Pecher, Essen

Druck und Bindung
Himmer AG
Steinerne Furt 95, 86167 Augsburg

© Klartext Verlag, Essen 2010
ISBN 978-3-8375-0476-7

Klartext Verlag
Heßlerstr. 37, 45329 Essen
www.klartext-verlag.de

Bildnachweis

Claudia Barten
164 o.l.
Nikolaj Beier
37 o., 74 o.l., 90 o.r., 90 u.r.
Thomas Berns
25 u., 36/37, 38 o.l., 44 o., 45-47, 50-55, 60,
61 u., 66 o.r., 66 u.r., 68, 69
Hans Blossey
48/49, 56/57, 64 l., 72, 87, 106/107, 126/127, 140/141
Matthias Duschner
38 o.r., 142-151, 162, 164 u.l., 164 r., 165-167, 170 u.
Udo Geisler
24/25, 26, 35, 39 o.l., 88, 89, 92-96, 96/97,
97 o.r., 98-105
Thorsten Indra
20-23, 25 o., 86, 168
Melanie Kemner
90 l., 169 o.
Michael Kneffel
58, 59, 61 o., 62, 63, 64/65, 65 r., 66 l., 67
Christian Nielinger
6/7, 37 u., 108-125, 128, 129
Rupert Oberhäuser
130-139
Britta Radike
18 u.
Christian Schnaubelt
163
Susanne Schuran
97 u.r.
TAS Emotional Marketing
Streckenabbildung und Key Visual, 170 o.
Manfred Vollmer
Titelbild, 18 o., 19, 27, 34, 36 l., 38 u., 39 o.r.,
39 u., 44 u., 70, 71, 73, 74 u.l., 74/75, 75 o.r.,
75 u.r., 76-85, 169 u., 171-173, 181
Sonja Werner
152-161
Elke Wetzig, cc-by-sa
187 r.
Thomas Willemsen
185 ganz l.

RUHR.2010-Team „Still-Leben"

Clemens Baier	Presse
Daniela Böing	Projektmanagement
Lukas Crepaz	Leitung Controlling
Dagmar Dohm	Sponsoring
Sebastian Falkner	Praktikant Veranstaltungsmanagement (04-07/2010)
Jürgen Fischer	Leitung Programm
Felicitas Fletcher	Presse
Leyla Forozzan-Far	Praktikantin Veranstaltungsmanagement (04-08/2009)
Nadja Grizzo	Marketing / Kommunikation
Marc Oliver Hänig	Pressesprecher
Jens Herre	Veranstaltungsmanagement
Lisa Höhn	Praktikantin Veranstaltungsmanagement (04-07/2010)
Petra Hußmann	Leitung Personalwesen
Katharina Jarzombek	Internationale Presse
Nicole Junk	Praktikantin Veranstaltungsmanagement (04-07/2010)
Melanie Kemner	Marketing / Kommunikation
Ralph Kindel	Projektleiter
Torsten Krengel	Marketing / Kommunikation
Katharina Langsch	Direktorin Marketing / Kommunikation
Friederike Laurenz	Assistenz Sponsoring
Jessica Lehmann	Assistenz Programmkoordination (ab 08/2009)
Renate Lorsong	Volunteer-Management
Björn Michelis	Controlling
Brigitte Norwidat-Altmann	Leitung Sponsoring
Jan Pauly	Presse
Dr. h.c. Fritz Pleitgen	Idee und Leitung
Sabine Rehberg	stellv. Justitiarin
Vera Schernus	Marketing / Kommunikation
Prof. Dr. Oliver Scheytt	Geschäftsführung
Nicola Schlitzer	Marketing / Kommunikation
Melinda Schmitz	Praktikantin Veranstaltungsmanagement (01-03/2010)
Susanne Schuran	Sponsoring
Dr. Ronald Seeliger	Kaufmännischer Direktor
Marc Stefan Sickel	Justitiar
Hella Sinnhuber	Presse / PR
Susanne Skipiol	Assistenz Programmkoordination (bis 07/2009)
Bettina Steindl	Marketing / Kommunikation
Christian Thoben	Volunteer-Management
Annika Trockel	Justitiarin (bis 09/2009)
Claudia Wagner	Leitung Internet
Anja Weinhold	Volontärin Justitiariat
Helen Weißenbach	Internet